지구를 도는 아이들

도모생애교육신서 31

지구를 도는 아이들

초판1쇄 발행 2014년 10월 15일

지은이 마리아나 황
펴낸이 원성삼
책임편집 이보영
펴낸곳 예영커뮤니케이션

주소 136-825 서울시 성북구 성북로6가길 31
전화 (02) 766-8931
팩스 (02) 766-8934
홈페이지 www. jeyoung.com
이메일 jeyoung@chol.com
등록일 1992년 3월 1일 제2-1349호

ISBN 978-89-8350-901-7(04370)
978-89-8350-738-9(세트)

책값 10,000원

「이 도서의 국립중앙도서관 출판예정도서목록(CIP)은 서지정보유통지원시스템 홈페이지(http://seoji.nl.go.kr)와 국가자료공동목록시스템(http://www.nl.go.kr/kolisnet)에서 이용하실 수 있습니다.(CIP제어번호: CIP2014028357)」

모든 인간은 하나님의 형상을 닮은 존엄한 존재입니다. 전 세계의 모든 사람들은 인종, 민족, 피부색, 문화, 언어에 관계없이 존귀합니다. 예영커뮤니케이션은 이러한 정신에 근거해 모든 인간이 존귀한 삶을 사는 데 필요한 지식과 문화를 예수 그리스도의 사랑으로 보급함으로써 우리가 속한 사회에 기여하고자 합니다.

도모생애교육신서 31

우리 아이, 세계를 품는 글로벌 리더로 키우기

지구를 도는 아이들

마리아나 황 지음

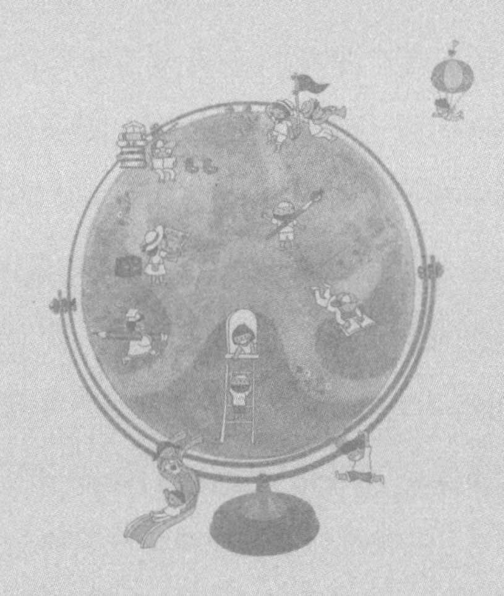

점점 더 어렵고 복잡해지는 글로벌 시대에 신앙은 모든 부모가 자녀에게 남겨 주어야 할 가장 중요한 유산이다. 신앙 교육과 아울러 부모가 지켜야 할 중요한 교육 지침은 글로벌 시대가 요구하는 목적 지향적인 교육과 글로벌 시대를 성공적으로 살아가는 데 필수적인, 원만한 관계성을 위한 자녀의 감성과 사회성 발달 교육 그리고 선진국 국민으로서 세계에서 환영받는 지도자적 자질과 성품의 형성이다.

예영커뮤니케이션

추천사

고속도로를 달릴 때면 '누가 이 길을 설계하고 공사를 이렇게 잘 했을까?'를 생각하며 감탄하게 된다. 큰 건물을 볼 때면 '누가 이 건물을 이렇게 잘 설계했을까?'를 생각하며 감탄하게 된다. 비행기를 타고 하늘을 날 때면 '누가 이 큰 비행기를 만들었을까? 어떻게 수백 명을 태우고 이렇게 높이, 이렇게 멀리 날아갈 수 있을까?'를 생각하며 감탄하게 된다. 요즘 창조론의 대안으로 지적설계론이 부상한 것을 보면서 현대인답다는 생각이 들었다. 이 우주가 완벽한 질서와 조화 가운데 운행하는 것을 보면 누군가 반드시 탁월한 지식으로 설계했을 것이라는 주장이다.

목회자들이나 신학생들과 대화할 때 종종 이런 질문을 한다. "목회를 마음껏 해서 원하는 대로 모든 것이 이루어졌다고 가정해 봅시다. 그러면 교회는 어떤 모습이겠습니까? 그리고 성도들은 어떤 사람일까요?" 목회자가 성도를 양육하고 훈련하는 데에도 궁극적인 목적이 있어야 하고 구체적인 목회 계획이 있어야 한다.

내가 좋아하는 성경 구절 중에 누가복음 2장 52절이 있다. "예수는 지혜와 키가 자라가며 하나님과 사람에게 더욱 사랑스러워 가시더라." 한 인간으로서 예수님의 성장 모습을 잘 요약한 말씀이다. 예수님은 육체적으로 성장하고, 지적으로 성장하셨으며, 사회적으로 영적으로 성장하셨음을 증언하고 있다. 나는 이 말씀에서 내 목회 사역의 기본 틀을 만들어 보려고 노력했다. 육체적 필요로 경제와 건강을 돌보는 목회가 있다. 지적 필요로 말씀과 삶의 지혜를 배우는 훈련이 있다. 사회적 필요로 인격적 성장과 내면 치유 그리고 소그룹 활동을 통한 교제가 있다. 영적 필요로 예배와 기도와 헌신이 있다.

목회에서 신앙계승의 문제는 심각한 주제다. 교회는 한 세대가 전도하지 않으면 지구 상에서 소멸한다. 그래서 자녀에게 신앙교육을 강조하고, 부모에게는 아는 것과 믿는 것이 일치되는 삶을 교육하고 훈련하며, 지도 감독을 게을리 하지 않으려고 노력한다. 그리고 자녀를 위한 기도를 할 때마다 이를 한마디로 응축해서 이렇게 한다. "우리 자녀들이 세계의 경영자가 되게 해 주시옵소서!" 우주의 창조주시요, 경영자이신 하나님을 아버지로 모신 자녀들이 이런 비전을 갖고 자라야 한다는 생각에서 습관처럼 드리는 기도이다.

황 박사의 『지구를 도는 아이들』을 읽고 깊은 감동을 받았다. 평소에 내가 생각하는 것과 그 내용이 매우 일치했기 때문이다. 이 책은 교육학자로서 오랜 연구를 바탕으로 만든 21세기의 자녀 교육 설계도로 손색이 없다. 성경을 근간으로 하지만 성경에서 말하니까 그대로 해야 한다는 억지를 부리지 않는다. 방대한 교육학 연구 결과를 적절하게 활용하여 월드 클래스 시민이 누구인지, 왜 그렇게 자녀를 양육해야 하는지 그리고 이를 위해 자녀를 어떻게 양육해야 하는지에 대해 친절히 소개하고 있다. 이 책은 고속도로보다, 고층 건물보다 그리고 비행기보다 훨씬 복잡하고 소중한 자녀들을 양육할 탁월한 설계도이며, 안내서이다. 모든 부모, 교사 그리고 목회자가 꼭 읽어 보기를 주저함 없이 추천한다.

이런 귀한 연구를 세상에 내놓아, 열심과 열정과 무한한 희생은 알아도 목적과 방법을 몰라 방황하는 한국 부모들과 한국 교회를 깨우고, 한국인의 홍익인간이 되어 세계에 선한 영향력을 행사할 수 있도록 해 주신 저자의 노고에 경의와 찬사를 보낸다.

황의정

둘로스선교교회 담임목사

미주성결대학교 대학원장

추천사

황 박사는 1.5세 이민자로 다문화권에서 살면서 다언어적이고 다국가 경영적 시스템의 변화와 적응 및 수정을 몸소 체험한 장본인이다. 그녀는 뜨거운 심장을 가진 교육가요, 수정 같은 바다가 펼쳐진 하나님의 보좌 앞에서 살아가는 열정적인 신앙인이다. 그녀는 현실을 잘 이해하고 미래를 잘 준비하는 바른 교육으로, 우리 자녀들에게 미래에 대한 소망과 확신을 불어넣기 원하는 희망에 부푼 진정한 선생이다.

황 박사는 교육가로서 다양한 배경을 가진 사람들과 더불어 살아야 하는 우리 자녀들의 미래를 섬세히 살폈다. 다가올 상황과 환경을 글로벌한 시각으로 잘 분석했을 뿐만 아니라, 우리 자녀들을 글로벌 리더로 성장시키기 위해 어떻게 교육해야 하는지를 교육가적인 시각으로 잘 풀어냈다. 가정, 사회 그리고 국가와 세계를 아우르는 폭의 중요성뿐만 아니라 좋은 성품과 더불어 지성과 감성과 영성의 깊이를 가미하여, 글로벌 리더로 자라나야 하는 자녀들의 씨줄과 날줄을 구체적인 언어로 표현했다. 다문화적 환경이 가져다주는 혼동과 혼란을 막을 수 있는 바른 이정표를 제시하고 있는 것이다.

이제 오는 세대는 매우 다른 환경에서 살아갈 것이다. 소수의 사람들만 이민자로 살아가는 시대는 이미 지났다. 자국에서 자국민도 이민자로 지내야 하는 형편이다. 다문화, 다언어, 다국가는 남의 말이 아니고 남의 나라 말도 아니다. 이미 우리 모두가 체험하고 있는 현실이다. 그러므로 우리 자녀들을 글로벌인으로 준비시키는 것은 선택이 아니다. 너무 급박한 현실이요, 타협할 수 없는 사명이다. 우리 자녀들이 빛의 자녀로, 글로벌 리더로 성장하기 위해 이 기본 언어에 귀를 기울여야 한다.

도은미

브라질 동양선교교회 교육담당 교육사

추천사

교육 전문가이면서 현장에서 우리의 후대들을 실제로 양육하고 있는 필자는 세계화된 사회의 무한경쟁 속에서 우리 부모들이 놓치기 쉬운, 자녀를 향한 귀중한 가치들을 하나하나 섬세하게 제시했다. 기술이 아니라 자긍심을 잃지 않는 교육, 능력뿐만 아니라 인격을 동반하는 교육, 경쟁에서의 승리만이 아니라 아량과 협력과 이해와 겸손을 강조하는 교육은 우리 자녀들이 경쟁 사회에서 희생양이 되는 것이 아니라 행복한 섬김의 지도자로 살아가는 법을 알려 주고 있다. 나아가 이 책은 자녀들의 성숙한 인격 형성을 넘어 영성 개발에 이르기까지 자녀 교육에 대한 전인적 스펙트럼을 제시해 주는 평이한 언어를 통해 제시된 역작이다.

민종기

충현선교교회 (글렌데일) 담임목사

차례

5장 신앙과 정체성 발달

6장 목적의식을 함양시켜 주는 교육

7장 글로벌 지도력 개발

머리말

세계는 빠르게 변해 가고 있다. 10년이면 강산이 변한다는 말은 이제 옛말이 되어 버렸다. 10년을 한 세대로 생각했던 적이 있었는데, 요즘은 농담 반 진담 반으로 6개월마다 세대차가 난다고 한다. 그만큼 세상이 빨리 변해 가고 있다는 말이다.

최근에 아직 말도 제대로 못 하는 3살 반 어린아이가 최신 아이패드를 갖고 노는 모습을 본 적이 있다. 작은 손가락으로 아이패드의 아이콘을 누르면서 자신이 원하는 어플을 찾는 것이었다. 나는 그다지 아이패드의 필요성을 느끼지 못해 아직 사지 않았는데, 그 아이가 아이패드를 갖고 노는 모습을 보고 나니 나도 하나 장만해야겠다는 생각이 들었다. 이 시대를 살고 있고 또 앞으로 어떻게 변해 갈지 모르는 미래를 살아갈 아이들을 가르치는 교육자의 입장에서 그 아이들과 눈높이를 맞추고 대화를 나누려면 조금이라도 시대의 흐름에 뒤처져서는 안 되겠다는 생각에서였다.

왜냐하면 교육의 중요한 목적 가운데 하나는 우리 자녀가 자라서 살아 나갈 미래의 세계를 미리 내다보고, 그들이 새로운 세상에 적응할 수 있도록 도와주며, 또 그 사회가 필요로 하는 시민으로 준비시키기 위한 것이기 때문이다. 자녀가 성공적인 인생을 살 수 있도록 그들의 교육을 책임지고 있는 모든 교육자와 부모가 먼저 알아야 할 것은, 그들이 성인이 되어 살아갈 세상의 모습이 어떠하며 그 사회가 어떤 사람을 요구하는가이다.

2010년, 나는 학부모와 교사 세미나를 위해 중국 5개 도시를 다녀온 적이 있다. 중국에 대해 많은 것을 느끼고 배운 소중한 여행이었는데, 그중에서도 가장 인상 깊었던 것은 중국이 '성공'을 향해 전력을 투구하는 나라라는 점이었다. 웬저우 공항에 착륙해서 공항 청사 안으로 걸어 들어가는 동안 복도 벽면에 '성공'이라고 쓰여 있는 여러 개의 전자 게시판이 붙어 있는 것을 보았다. 온 나라 전체가 성공을 위해 달려가고 있는 분위기가 느껴졌다. 그렇다. 세계의 대부분의 국가들은 인류의 행복과 성공을 위해 나아가고 있다. 한 국가의 지도자는 그 나라와 국민들의 행복하고 성공적인 삶을 위해 그리고 부모들은 자녀의 행복과 성공을 위해 밤낮을 가리지 않고 열심히 일하며 그들을 교육한다.

얼마 전, 미국의 한 기독교 신문에서 어느 목사님이 쓴 사설을 읽고 공감한 적이 있다. 그 목사님은, "한국의 부모들을 보면 대부분 자녀들을 좋은 학교에 보내는 것을 지상명령으로 여기며 사는 것 같아 안타깝고 슬픈 마음을 금할 수 없다. 자녀들이 좋은 학교에 나와서 좋은 직장을 다니며 결혼 잘하는 것을 인생의 목표로 삼고 있다면 과장된 표현일까?"라고 쓰셨다. 그분의 말대로 한국처럼 자녀 성공에 집착하는 부모도 흔치 않으리라고 생각한다. 그런데 안타까운 것은 많은 한국 부모들이 자녀의 성공을 위해 쏟고 있는 희생과 정성이 자녀에게 오히려 부정적인 영향을 미치고 있다는 사실이다.

저자가 재직하고 있는 링컨크리스천대학교는 미국 중서부 일리노이 주의 중앙에 자리 잡고 있는 링컨이라는 작은 도시에 위치하고 있다. 주민들의 99퍼센트가 백인, 1퍼센트가 유색 인종으로 구성되어 있으며, 학교의 교수들을 비롯한 대부분의 주민들은 타민족과 문화에 대해 전혀 모르고 있다. 그렇지만 학교에 외국인 학생들을 좀 더 받아들이기 위한 준비 작업으로 지난 3-4년간 교수회의 시간에 교수들과 직원들에게 아시아 문화를 종종 소개해오고 있다. 그런데 작년 초 한국 학생들을 소개하는 시간에 나는 한국인으로서 얼굴이 빨개지는 창피함과 부끄러움을 느꼈던 적이 있다. 한 교수가 수집해서 발표한 연구 자료에 따르면, 캘리포니아에 위치한 어떤 미국 신학교에서 미국인 학생들이 가장 기숙사를 함께 쓰고 싶어 하지 않는 사람이 바로 한국 학생이라는 조사 결과가 나왔기 때문이다. 이러한 보고를 접한 것이 처음은 아니었다. 또 다른 자료에 따르면, 유학생 중 미국 문화에 가장 적응하지 못하는 학생이 한국에서 온 학생이라고 한다. 한국 학생은 학교에서는 우수하지만 미국 사회와 문화에 잘 적응하지 못하며, 또 미국인 사회에서 그다지 환영받지 못하고 있다. 자녀를 미국으로 유학 보낸 부모들은 그들을 얼마나 자랑스럽게 여기겠는가? 하지만 그 자녀들이 그들이 몸담고 있는 사회에서 환영받지 못하고 있다는 사실을 안다면 속이 상하지 않을 수 없다. 설마 내 아이는 그렇지 않을 것이라고 생각하고 싶겠지만, 조사 결과가 보여 주듯 많은 한국 학생들이 외국인의 눈에 부정적으로 인식되고 있다는 점을 현실로 받아들이고 인정해야 한다. 그리고 우리 자녀가 외국 사회에 잘 적응하지 못하고 환영받지 못하는 것에 대한 책임이 자녀에게 있다기보다는 그들을 양육한 부모에게 있다는 사실을 깨달아야 한다.

2012년 시카고에서 열린 국제아동영성학술대회에서 나는 동료 교수와 함께 태교에 관한 논문을 발표한 적이 있다. 한국 부모들은 수천 년을 두고 인성 발달을 위한 태교, 두뇌 발달을 위한 태교, 영성 발달을 위한 태교를 해 오고 있다고 소개했더니 그곳에서 발표를 듣던 한 교수가 이런 질문을 던졌다. "부모들이 그렇게 신경을 써서 태교를 하는데, 왜 한국 학생들은 그렇게 감성적으로 불안정하고 스트레스를 많이 받고 있습니까?" 필자는 그 교수가 던진 질문을 부모들에게 다시 던져 보고 싶다. 왜 우리 자녀는 부모의 정성에도 불구하고 다른 사람의 눈에는 그다지 호감 가는 인상을 주지 못하고 있을까?

이 질문에 대한 답을 필자는 한국의 많은 부모들이 자녀에게 베푸는 사랑과 양육을 위한 노력의 초점이 잘못 맞추어져 있기 때문이라 말하고 싶다. 엉뚱한 목표를 겨누고 쏜 화살이 본래의 목표를 맞힐 수는 없다. 그렇게 잘못 겨누어 있는 자녀를 향한 부모의 사랑을 바로잡고자 하는 안타까운 마음에 이 책을 쓰게 되었다.

우리가 살고 있는 이 시대를 가리켜서 글로벌 시대라고 부른다. 세계가 한 이웃이 되어 살아가는 시대라는 뜻이다. 글로벌 시대는 이미 시작되었으니 앞으로 우리 자녀가 살아갈 세상은 완전히 개방되어 문자 그대로 지구촌이 되어 있을 것이다. 그러므로 부모는 자녀가 글로벌 시대를 성공적으로 살아가도록 도와주기 위해 먼저 글로벌 시대가 무엇을 뜻하는지를 제대로 이해하고, 글로벌 시대에서 살아갈 자녀를 그 시대가 요구하는 사람으로 교육하는 데 초점을 맞추어야 한다. 그래서 무엇보다 먼저 이 책의 1장에서는 글로벌 시대란 무엇을 의미하며, 또 그 시대에는 어떤 사람을 요구하는지에 대해 알아보기로 하겠다. 2장에서는 글로벌 시대가 필요로 하는 월드 클래스 시민 즉, 선진국 시민은 어떤 사람을 말하는지에 대해 살펴보겠다. 3장에서 6장까지는 글로벌 시대를 성공적으로 살아가기 위해 준비해야 할 교육 내용 중 필자가 가장 중요하다고 생각하는 요소 네 가지, 즉 긍정적인 자아개념 발달 교육, 신앙 교육, 목적 지향적인 교육 그리고 지도자적 자질 교육을 중점으로 살펴보겠다.

긍정적인 자아개념은 건강한 자존감으로 표현될 수 있는데, 그 중요성과 근원 그리고 긍정적인 자아개념 형성을 위한 부모의 역할에 대해 살펴보려고 한다. 신앙은 사람들에게 삶의 목적과 방향을 제시하는 동시에, 인생을 살아가는 데 동기부여를 준다. 점점 더 어렵고 복잡해지는 글로벌 시대에 신앙은 모든 부모가 자녀에게 남겨 주어야 할 가장 중요한 유산이다. 신앙 교육과 아울러 부모가 지켜야 할 중요한 교육 지침은 글로벌 시대가 요구하는 목적 지향적인 교육과 글로벌 시대를 성공적으로 살아가는 데 필수적인, 원만한 관계성을 위한 자녀의 감성과 사회성 발달 교육 그리고 선진국 국민으로서 세계에서 환영받는 지도자적 자질과 성품의 형성이다. 이러한 것에 초점을 맞추어 앞으로 내용을 살펴보도록 하겠다.

1장

글로벌 시대의 자녀 교육

부모로서 또한 교육자로서 자녀를 교육하는 중요한 목적 중의 하나는 앞으로 우리 자녀들이 자라서 생활할 사회의 모습을 미리 예측하고, 우리 자녀들이 그 사회에 잘 적응하며, 사회가 필요로 하는 시민으로 살아갈 수 있도록 준비하는 데 있다. 그래서 교육자의 입장에서 우리 자녀들이 자라 앞으로 살아갈 사회가 어떤 모습으로 변할 것인가를 인식하고, 그 사회에서 성공적으로 살기 위해 우리 자녀들이 준비해야 할 것이 무엇인지를 아는 것은 모든 교육자나 부모들이 알아야 할 숙제이기도 하다. 이런 점에서 우리는 먼저 우리 자녀가 앞으로 살아갈 사회를 이해해야 한다.

현재 흔히들 글로벌 시대에 산다고 말한다. 교통과 컴퓨터 통신 수단의 발달로 세계가 1일권이 될 만큼 매우 가까워지고 빨라졌기 때문이다. 그렇다면 교육에서의 글로벌 시대가 의미하는 것은 무엇일까? 간단히 말해서 나 혼자 고립돼서 살 수 없다는 것을 의미한다. 다시 말하면, 관계의 중요성을 인식해야 하는 시대라고 할 수 있겠다.

요즘 아주 절실히 느끼리라고 생각한다. 유럽 금융 문제가 온 세계의 금융 문제가 되고 나아가 나의 경제 문제가 되는 것을 볼 수 있다. 어젯밤 중동 문제는 다음날 아침 온 세계의 경제 문제가 된다. 중국의 경제 지침과 성장계획의 변화가 당장 그다음 날 한국 경제 및 세계 경제에 영향을 준다는 뉴스를 종종 듣는다. 기후의 변동으로 인한 호주와 미국 등 농산물 주요 생산 국가에서의 피해는 당장 우리나라 식단에 위협을 준다.

이처럼 글로벌 시대란 지구 반대쪽에 있는 나라에서 일어나는 일이 우리 매일의 삶에 직접적으로 영향을 미치는 것이다. 다시 말하면, 글로벌 시대에는 국가, 사회 그리고 개인적으로 상호의존하며 살아야 한다. 한 국가의 안녕을 위해 세계의 안녕이 필요하고, 내가 성공하기 위해 남도 성공해야 한다는 사고가 필요하다. 또한 서로 어울려서 지낼 수 있어야 한다.

전 미국 국무장관인 힐러리 클린턴이 한 유명한 말이 있다. "한 자녀를 잘 키우기 위해서는 온 마을의 노력이 필요하다. It takes a village to educate a child. 다시 말하면, 자녀가 성공적으로 성장하기 위해서는 물론 부모에게서 큰 영향을 받지만, 그뿐만이 아니라 사회와 주위 사람의 영향도 매우 중요하다는 말이다. 한 나라의 평안이 독립적으로 이루어질 수 없듯 한 개인의 평안도 독립적으로 이루어질 수 없다. 자녀의 평안과 성공을 위해 자녀가 속해 있는 사회가 평안하고 성공적인 사회이어야 한다는 말이다. 좋은 예로서, 미국에 사는 한국 부모들은 그들이 살 곳을 결정할 때 무엇보다 자녀가 다닐 학교의 수준이 어느 정도인지를 본다. 그리고 자녀의 교육을 위해 학군이 좋은 동네로 이사 가는 것을 마다하지 않는다. 자녀가 좋은 교육을 받도록 하기 위해서이다.

캘리포니아에 외동아들을 키우는 아주 지혜로운 부모가 있었다. 그 부모는 외아들을 키우면서 그 아들의 열 명이 넘는 친구를 모두 자신의 자녀처럼 돌봐 주고 기도해 주었다. 자녀 친구 중에 누구 하나라도 잘못되면 자녀도 영향을 받을 수 있기 때문에 친구들도 모두 잘 되어야 한다고 생각한 것이다. 그런데 나중에 알고 보니, 그 아이 친구들의 부모도 모두 똑같은 마음으로 자녀를 키우고 있었다. 한 가정이 휴가를 갈 때도 자녀의 친구들을 초대해서 함께 가도록 하고, 어떤 가정은 그 집의 차고를 아이들의 PC방으로 개조하여 아이들이 동네 PC방에서 놀지 않고 자신의 집에서 컴퓨터를 할 수 있도록 환경을 마련해 주기도 했다. 어떤 아빠는 자녀 친구들을 모두 데리고 놀이공원에서 하루를 지내다 오곤 했다. 지금은 그 아이들이 모두 대학을 졸업해서 어떤 친구는 사회인으로, 어떤 이는 대학원생으로 공부를 하며 나름의 삶을 살고 있다고 하는데, 지금까지도 친구들끼리 정기적으로 만나 운동도

하고 여행도 함께한다고 한다. 그 부모들의 지혜로 자녀들은 열 명의 형제와 같은 친구를 얻었으니 얼마나 행복한 사람들인지 모른다. 중요한 것은 이 열 명의 자녀가 모두 같은 마음을 갖고 항상 친구들의 의견에 찬성하며 서로의 우정을 쌓아 온 것이 아니라는 점이다. 그중에는 한국 교포 2세도 있었고, 중국 아이들도 있었으며, 히스패닉과 필리핀 그리고 백인 아이들도 있었다. 그러나 그들은 부모의 노력으로 친구의 다른 점을 존중하고 다른 의견을 포용하며 자신의 뜻을 친구의 유익을 위해 희생하는 것을 배우면서 성장했다. 글로벌 사회를 잘 인식한 부모들의 성공적인 교육 방법의 결과라고 생각한다.

그렇다. 교육적인 측면에서 넓게 생각해 볼 때 글로벌 시대의 특징은 다문화적이고 다언어적이며 다국적기업에 의해 경제가 돌아가는, 한마디로 다양한 환경의 사회이다. 다시 말하면 다양한 배경을 갖고 있는 사람들이 함께 모여 조화를 이루며 살아가는 사회다. 즉, 개인 중심의 사고방식에서 타인 중심의 사고로 전환할 수 있는 능력이 필요한 사회인 것이다.

다문화적이라는 말은 한 사회에 여러 문화가 공존해 있다는 뜻이다. 유럽의 많은 국가와 미국, 캐나다, 중국, 브라질 등이 대표적인 나라인데, 다민족 · 다문화가 공존하여 한 사회와 나라를 이루며 살아간다. 예를 들어 미국에는 유럽, 남미, 아시아, 아프리카 그리고 오세아니아 등 세계의 5개 대륙에서 이민 온 다양한 인종이 살고 있다. 미국이라는 외국 땅에서 같은 인종끼리 고유의 문화를 누리며 살아가면서 동시에 미국 본연의 문화 혹은 시스템에 적응하며 살고 있다. 미국의 대표적인 국제 도시인 로스앤젤레스만 해도, 한인 교포를 비롯한 세계 각 나라에서 이주해 온 이민자들을 볼 수 있다. 2009년 통계에 따르면, 미국에 이민 와서 거주하는 한인 교포 수가 약 134만 명이라고 한다. 다시 말하면, 미국에 거주하는 재미 교포들은 한국과 미국 문화의 영향을 받고 있지만, 동시에 미국을 이루고 있는 다수의 소수 민족의 문화에도 영향을 받고 있다고 보면 되겠다. 대표적인 예로, 미국에 거주하는 한인들은 히스패닉과 중국 문화에 많은 영향을 받고 있다. 자녀들은 학교뿐 아니라 사회에서도 인종과 문화가 다른 친구들과 함께 공부하고, 성인이 되어서도 여러 인종과 어울려 살게 된다. 한국도 이제는 더 이상 단일민족이 사는 사회가 아니다. 점점 국제화되어 나와 다른 인종과 문화를 포용하며 어울려 살 수 있는 능력이 필요한 사회로 변해 가고 있다. 그러므로 개인 중심의 사고에서 벗어나 타인을 배려할 수 있는 능력은 글로벌 시대를 사는 자녀들에게 꼭 필요한 자질이다.

다언어적이라는 것은, 이제는 한국말만 할 줄 알아서는 글로벌 시대의 국민으로 살아가기가 힘들다는 것을 의미한다. 이 문제에 대해서는 이미 많은 부모들이 필요성을 느끼고 자녀들에게 영어를 가르치고 있는 것으로 알고 있다. 그런데 문제는 부모가 자녀에게 영어를 가르치려고 한국어 즉, 모국어를 가르치는 데 소홀하다는 것이다. 언어학자들의 연구에 따르면, 모국어를 제대로 배우고 구사할 줄 아는 사람들이 제2 혹은 제3 외국어도 빨리 배우고 또 배워 가는 과정도 효율적이라고 한다. 미국에서 자라는 재미 교포 2세들 중에도 부모의 잘못된 생각으로 한국어를 가르치지 않아 모국어를 잘 못하는 자녀가 많은데, 그것은 오히려 자녀의 활동 무대를 좁히는 결과를 초래한다. 왜냐하면 글로벌 시대에는 영어와 한국어 모두 유창하게 다 잘할 줄 아는 사람이 필요하고, 또 그런 사람이 인기가 있기 때문이다. 영어만 할 수 있는 사람은 미국에 넘치지만 한국말과 영어를 동시에 할 수 있는 사람은 그다지 많지 않다. 또한 한국 사람으로서 성공적으로 미국 주류 사회에서 성공한 사람들은 대부분 영어와 한국말 그리고 미국과 한국 문화를 동시에 이해하고 누릴 수 있다. 그러므로 우리 부모들은 자녀들에게 한국의 문화와 언어를 먼저 가르쳐야 한다.

다국가 경영이란, 어느 나라의 한 기업이 자신의 나라뿐만 아니라 세계의 여러 나라에서 지사 혹은 현지 법인을 설립하여 운영하는 것을 의미한다. 우리나라도 많은 대기업이 이미 오래 전부터 이런 다국가적 경영을 해 온 것으로 알고 있다. 삼성, 현대, LG, 기아는 이제 세계 어느 곳에서나 쉽게 찾아 볼 수 있는 세계적인 브랜드이다. 그러나 삼성, 현대, LG, 기아 등의 기업이 한국 기업이라는 것을 아는 사람은 그리 많지 않다. 왜냐하면 세계적인 기업들은 그들의 제품을 세계 시장에 팔기 위해 한국 상품임을 소비자에게 알리기보다는 각 시장의 성격을 파악하고 그 시장에 맞는 상품을 생산하며 마케팅하기 때문이다. 한국 시장에서 한국 사람에게 인기가 있었던 제품이 문화가 다른 국가에서는 또 다른 반응을 일으킬 수 있다. 그러므로 한국인 경영인으로서 외국인 고용인들을 효과적으로 관리하고 세계 시장에 제품을 팔기 위해 각 나라의 민족성, 문화 그리고 언어를 이해하고 포용하는 능력은 글로벌 시대 경제의 국제 경영인으로서 갖추어야 할 필수 덕목이다.

글로벌 시대의 교육

다문화적, 다언어적 그리고 다국가적 경영체제의 다양성으로 이루어지는 글로벌 사회가 우리 자녀들에게 시사하는 바는 무엇인가? 이 질문에 대한 답으로 나는 다섯 가지 교육적 관점을 제시하려고 한다. 나는 경제 강국으로 성장해 가는 대한민국 국민들이 이에 걸맞은 월드 클래스 시민으로 성장해 가기를 바란다. 그러기 위해서는 먼저, 글로벌 시대의 월드 클래스 시민이 지녀야 할 의식은 무엇인지에 대해 2장에서 살펴보아야 한다. 이어서 인성 교육의 중요성을 살펴볼 것인데, 먼저 올바른 인격 형성은 성공적인 사회생활의 기본이며, 인격이 갖추어지지 않은 성공은 어린아이에게 칼자루를 쥐어 주는 것과 같다는 것을 명심할 필요가 있다.

다음으로는 우리 자녀들에게 한국인으로서의 분명하고 긍정적인 정체성을 심어 주어야 한다는 내용에 관해 언급할 것이다. 한국 사람으로서 글로벌 무대에서 성공적으로 활동하려면, 우선 진정한 한국인이 되어야 한다. 다시 말하면, 한국말은 물론 한국 문화까지도 철저히 이해하는 진정한 한국 사람이 되어야 한다는 것이다. 다른 나라 말을 배운다는 것은 그 문화를 배우는 것과 같다. 언어와 문화를 떼어 놓고 생각할 수 없기에, 우리가 글로벌 시대에 필요한 의사소통 기술을 배우는 것은 여러 나라의 문화를 배우는 것과 다름없다. 그런데 내 나라의 문화를 모르면서 다른 나라 문화를 배운다는 것은 참으로 어리석은 일이다. 왜냐하면 앞에서도 언급했듯이 모국어를 완전히 습득한 아동이 외국어도 빨리 습득하기 때문이다.

국제 사회에서 한국인이 활동하게 되는 가장 중요한 이유는 그 사람이 한국 사람이기 때문이다. 다시 말하면, 국제 기업에서 한국 사람을 고용하는 이유는 그 사람이 영어도 잘하지만 한국말도 잘하고 한국 문화도 잘 알아서 한국과 서구권 간의 문화 교류를 담당할 수 있기 때문이다. 영어를 잘하는 사람이 필요하다면 굳이 한국 사람을 채용할 필요는 없다. 따라서 우리 자녀들에게 여러 나라의 언어와 문화를 가르치고 경험하도록 해 주기 전에 자신의 언어와 문화를 배우도록 해야 한다. 이에 대한 구체적인 내용은 4장에서 다루도록 하겠다.

이어서 글로벌 시대의 다문화적, 다언어적 그리고 다국가 경영적이라는 특징은 우리가 그동안 우리 자녀들에게 교육해 온 교육목적과 방법으로는 도달하기 어렵다. 즉, 교육의 패러다임 시프트Paradigm shift가 필요한데 궁극적으로 현재 많은 부모들이 생각하는 교육 목표, 즉 '성공적인 인생'에 대한 가치관과 그에 따른 교육방법에 변화가 있어야 한다. 그렇지 않으면 우리 부모들이 자녀들의 성공적인 삶을 위해 쏟은 희생과 노력은 아무 소용이 없다. 부모가 자녀에게 가르쳐야 할 '성공적인 삶'에 대한 가치관과 이에 따른 교육 목표를 어디에 두어야 하는지는 6장에서 자세히 다루도록 하겠다.

끝으로 다문화 그리고 다언어의 다양한 배경을 가진 사람들을 이해하고 그들과 어울려 조화 있는 삶을 살기 위해 우리는 자녀들에게 목적이 있는 신앙과 지도력 교육을 꼭 해야만 한다. 현재 미국 초,중,고등학교에서는 아동들에게 문화적, 인종적, 언어적 다양성 및 학습 장애인 등의 다양한 배경을 가진 아동들과 상부상조하며 함께 지내는 능력을 가르치는 것을 무엇보다도 우선순위에 둔다. 이는 다양한 배경을 가진 사람들과 어울려 살아야 하는 글로벌 사회를 바라본 것이다. 분리주의자의 사고는 이미 낡은 것이 되었다. 유아교육원에서부터 아동들은 다양성diversity에 대해 배우는데, 나와 다른 것들을 존중하며 포용하는 방법을 익힌다. 다시 말하면 글로벌 시대의 자녀 교육의 목표는 우리 자녀 개인의 성공을 위한 경쟁 중심의 교육에서 벗어나, 개인의 성공은 물론 이웃의 성공, 나아가 성공적인 사회와 세계를 건설하는 데 이바지하는 자녀가 되도록 타인 위주의 사고를 할 수 있는 능력을 갖추도록 하는 데 있다.

2장

월드 클래스 시민 만들기

앞 장에서는 글로벌 시대의 의미와 글로벌 시대를 준비하는 자녀들을 위한 교육 방침에 대해 간단히 살펴보았다. 2장에서는 글로벌 시대의 경제 강국으로 성장한 우리나라가 우리 자녀들을 월드 클래스 시민으로 키우기 위해 가져야 할 의식 구조로는 어떤 것들이 있는지 알아보고자 한다.

월드 클래스 시민 만들기

대부분의 한국 부모들은 자녀가 남들과의 경쟁에서 이기기를 바란다. 왜냐하면 그것이 자녀를 성공한 사람으로 만들어 준다고 생각하기 때문이다. 이는 그 경쟁의 범주가 우리나라를 벗어나 전 세계로 확장될 때도 마찬가지이다. 물론 음악이 전공인 자녀가 세계적인 콩쿠르에서 금상을 탄다면 그것은 정말 가슴 뿌듯하고 자랑스러운 일이다. 하지만 어떤 경연 대회에서 상을 타는 것 자체가 그 자녀를 월드 클래스 시민으로 만들어 주는 것은 아니다. 남들과의 경쟁에서 이기는 것이 근본적으로 나쁜 것은 아니지만 개인뿐만 아니라 하나의 국가를 놓고 생각하더라도 모든 것이 경쟁 일변도로 치닫는 것은 글로벌 시대에서 결코 바람직한 것은 아니다. 그러한 경쟁심이 국가적인 우월감을 불러오고, 결국 국가적인 고립을 가져오기 때문이다.

흔한 예로 2차 세계대전을 일으켰던 독일과 이웃나라인 일본의 경우가 그렇다. 그들은 민족적인 우월감에 빠져 주변국들을 침략하고, 그 국민들을 자신들의 종으로 삼으려 했다. 이로써 그들은 씻을 수 없는 국가적인 과오를 범하게 되었고, 그 여파는 지금까지도 계속되고 있다. 더욱 안타까운 것은 그들의 일부 지도자들이 지금까지도 과거의 잘못을 뉘우치기는커녕 오히려 제국주의의 부활을 꾀하고 있다는 사실이다. 일본이라는 나라와 그 국민들이 그러한 망상에 계속 사로잡혀 있는 한 그들은 결코 월드 클래스의 시민도 국가도 될 수 없다. 왜냐하면 그들은 이미 아시아를 대표하는 국가도 아니며, 한국과 중국 같은 신흥 경제대국이 그들의 그릇된 민족적 우월감을 과거와 같이 그냥 묵과하고 넘어가지는 않을 것이기 때문이다.

아울러 이러한 우월감의 문제는 비단 일본에만 국한된 것은 아니다. 사실 우리나라도 글로벌 시대에 월드 클래스 국가가 되기 위해서는 민족적인 우월감 문제를 해결해야 한다. 지난 수십 년간의 눈부신 경제성장의 결과로 생겨난 것이 바로 그런 우월감이다. 지금 한국 사회는 주변에 있는 다른 나라 사람들을 우습게 여기거나 비하하는 분위기가 팽배해 있다. 선진국의 백인들에게는 지나칠 만큼 스스로를 낮추고 심지어는 비굴해지기까지 하면서도 동남아시아나 중국 사람에게는 함부로 대하는 사람들이 눈에 많이 보인다.

글로벌 시대를 이끌어 가는 리더로서 월드 클래스 시민과 국가임을 자처하기 위해서는 우리의 의식이 바뀌어야만 한다. 그렇다면 우리의 자녀를 월드 클래스 시민으로 키우기 위해 우리의 의식이 어떻게 변해야 하는가?

우리가 살고 있는 지금의 세상은 역사상 유례를 찾아볼 수 없는 많은 문제를 안고 있다. 환경오염, 지구 온난화, 테러, 전쟁, 기아, 질병, 가난 등 쉽게 해결할 수 없는 문제로 가득 차 있다. 월드 클래스 시민이 되기 위해서는 무엇보다도 먼저 이런 문제에 대해 남들보다 많은 관심을 갖고 책임의식을 느낄 수 있어야 한다. 신흥개발국 시절에는 그저 경제개발에만 집중하고 우리가 어떻게 하면 잘살 수 있을까 하는 데만 몰두했다. 이웃나라나 세계정세에는 관심을 기울일 만한 여유가 없었기 때문이다. 그러나 선진국의 대열로 들어섰다고 자부하는 지금 우리는 달라져야 한다.

환경 문제에 대한 우리나라 국민들의 의식 수준이 다른 나라에 비해 낮은 것은 아니다. 그러나 환경 문제에 대한 우리의 관심은 글로벌한 관점보다는 우리 자신의 이익과 직접적으로 관련된 것에서 비롯된다. 예를 들어 수질오염과 같은 환경 문제는 당장 내 집의 수도꼭지에서 오염된 물이 나오지 않는 이상 그다지 큰 문제로 여기지 않는다. 이웃에 있는 호수가 녹조로 인해 죽어 가는데도 시민들은 누구 하나 앞장서서 그 문제를 이슈화하려 하지 않는다. 정부가 해결해야 할 문제로 치부해 버리고 마는 것이 일반적이다. 당장 내 코가 석 자인데 강이나 호수가 오염되어 간들 내가 할 수 있는 일이 무엇이겠냐고 반문하는 분도 있을 줄 안다.

지구 온난화의 문제도 마찬가지다. 지금 한국의 기후는 아열대 기후로 바뀌고 있다고 한다. 무더위가 기승을 부리는 가운데 사실 우리가 할 수 있는 일은 그다지 많지 않다. 그러나 이러한 지구 온난화도 따지고 보면 어느 한 사람이나 한 국가가 해결할 수 있는 문제가 아니다. 누군가 앞장 서서 이 문제를 해결하기 위한 노력을 이끌어 내야 하는데, 필자는 그 역할을 이제 우리가 감당해야 한다고 생각한다. 올림픽을 주최하기 위한 티켓을 따내기 위한 국가적인 노력도 필요하지만, 그보다 이런 글로벌한 이슈를 해결하는 데 정부가 앞장 서고 온 국민이 그 뒤를 따라가야 한다. 기성 세대에게는 그것이 버거울 수도 있지만 우리 자녀들 세대는 글로벌 리더로서의 역할을 충분히 감당할 수 있다고 믿는다. 그것이 글로벌 시대에서의 월드 클래스 시민의 역할이다. 이를 위해 우리 자녀들을 글로벌 이슈에 보다 민감하게 반응하도록 가르치고 범국가적으로 투자를 해야 한다.

우리는 수천 년에 걸쳐 우리 스스로가 단일 민족임을 자랑스럽게 여겨 왔다. 무수한 외세의 침입 가운데서도 잡초처럼 꿋꿋이 버텨 온 것이 우리 민족의 저력이기도 하다. 그런 까닭에 우리는 우리나라의 상징인 태극기 앞에 서면 쉽게 하나가 된다. 일례를 들어 독도 문제에서 보여 주는 우리 국민의 단합된 모습은 그 문제에 대한 어떠한 반대 의견도 용납되지 않을 만큼 확고하다. 물론 그렇게 하나가 되는 모습은 좋고 또 당연하다. 그러나 이제 우리는 우리 민족의 순수성을 내세워 배타적인 사고를 해서는 안 된다. 그러한 국수주의는 우리를 국제 사회에서 고립시킬 수 있다. 우리의 부모 세대만 하더라도 일본인을 왜놈, 중국인을 때놈, 미국인을 양놈, 흑인을 깜둥이라고 불렀고, 현재 미국 교포 사회에서도 한인들과 가장 접촉이 많은 멕시칸 · 히스패닉들을 멕짝이라고 부르는 등 매우 배타적이고 국수주의적인 무지함이 있다. 이제는 경제 · 문화 · 사회의 모든 이슈를 글로벌적인 관점에서 볼 수 있어야 한다. 경제적인 고립주의가 가져오는 결과는 가까운 예로 북한을 통해 알 수 있다. 해외 수출을 통해 우리는 오늘의 경제 기적을 이루어 냈으며, 앞으로도 그런 노력은 계속될 것이다. 그러나 앞으로는 우리가 어느 나라에 우리의 물건을 팔 것인가 하는 생각을 뛰어넘어 우리가 그 나라에 어떤 도움을 줄 수 있을 것인가에 대해 먼저 생각할 수 있는 사람으로 우리 자녀를 키워 내야 할 것이다. 그것이 그들이 진정한 의미에서의 월드 클래스 시민이 될 수 있는 길이기 때문이다.

현재 대기업을 비롯한 많은 기업이 동남아시아를 새로운 시장으로 생각해서 그곳으로 뛰어들고 있다. 그 지역이 새로운 블루오션으로 떠오른 것은 비단 최근의 일만은 아니다. 그러나 기업의 노력이 자기 생존만을 위한 자구책이 아니었으면 하는 것이 필자의 바람이다. 만일 우리 기업이 스스로 살아남기 위해 그 지역에 투자하는 것이라면, 그들은 언젠가 우리 기업으로부터 등을 돌리게 될 것이다. 오히려 그들의 삶을 윤택하게 해 줄 수 있는 진정성 있는 기업 이념을 가지고 그 시장에 뛰어들었을 때 우리는 소위 경제동물이라 불리는 이웃나라 일본과는 달리, 그들의 진정한 친구요, 우방으로 자리 잡을 수 있을 것이다. 또한 그 사업을 통해 양국 간의 발전에 함께 기여할 수 있을 것이다.

힘들게 살아오며 내 앞가림에만 너무 익숙해져 있는 기성 세대에게는 이러한 일이 어려울 수 있겠지만, 풍요로운 환경에서 자라고 있는 지금 청소년 세대에게는 충분히 가능한 일이다. 부모가 이러한 것에 관심을 갖고 자녀를 가르치면 월드 클래스 리더로서 갖추어야 할 삶과 생각의 근본적인 자세를 자연스럽게 배울 수 있을 것이다. 보다 세계적인 관점에서 나보다 남을 먼저 생각할 수 있는 자질을 가진 월드 클래스 시민으로 우리 자녀를 양육할 수 있기를 바란다.

최근 들어 외국인 배우자와 결혼하는 사람들이 늘어나고 있다. 일손이 모자라 외국인 노동자들이 끊임없이 밀려들어 오고 있기 때문이다. 외국인 배우자나 노동자들을 무시하거나 백안시하던 때가 불과 얼마 전이다. 그러나 아직까지도 이런 사회적인 분위기가 남아 있다. 우리 자녀들을 월드 클래스 시민으로 키우기 위해서는 우리가 그들을 먼저 포용해야 한다. 자녀 교육은 그냥 말로만 되는 것이 아니다. 만일 우리가 외국인에 대해, 특히 우리보다 못 사는 나라의 외국인에 대해 편견을 갖고 바라본다면, 우리 자녀들 역시 그런 편견을 갖게 될 것이다. 이런 의식 수준을 지닌 채 그들이 월드 클래스 시민이 될 수는 없기 때문에 우리 사회가 많은 노력을 기울여야 한다. 그들이 우리의 이웃이 되었다는 사실을 인정하고, 좀 더 적극적으로 그들을 품고 나아가며, 그들과의 만남을 우리 땅 위에서 세계의 다른 문화적 · 역사적 배경을 지닌 사람들과 접촉할 수 있는 기회로 삼아 그들의 문화를 이해할 수 있는 배움의 계기로 여긴다면 일거양득이 될 수 있다.

반기문 유엔 사무총장은 한국인의 긍지를 빛낸 인물이다. 그는 어려서부터 외교관이 꿈이었다고 한다. 외교관으로서 세계인과 더불어 더 나은 세상을 만들어 나가고 싶었던 그의 꿈이 이루어진 것이다. 그의 전임인 코피 아난Kofi Annan 사무총장의 경우 어렸을 때 그의 선생님께 이웃나라의 어려움에 관심을 가져야 한다는 가르침을 받은 후에 세계적인 리더로 성장할 수 있었다. 열악한 환경에서도 자녀들을 월드 클래스 리더로 만들기 위해 어떻게 가르쳐야 하는지를 가르쳐 주는 본보기가 아닐 수 없다. 우리 세대의 관심은 우리 자녀들의 행복과 발전이었다. 그러나 이제 우리 자녀 세대의 관심은 세계 모든 나라의 행복과 발전이다. 우리 자녀들이 그런 관심을 지니고 자라날 수 있도록 우리는 교육 목표를 지식적인 것에서 사명적인 것으로 바꾸어야 한다. 지식은 사람을 다치게 할 수 있지만, 이웃 사랑에서 시작된 사명은 모든 사람을 유익하게 한다. 우리 자녀들에게 그들에게 주어진 월드 클래스 리더로서의 사명이 무엇인지 그리고 그 사명을 다하기 위해 어떻게 헌신해야 하는지를 깨달아 알 수 있도록 가르쳐야 한다.

3장

성숙한 자녀로 키우기

얼마 전 우연히 텔레비전에서 "라디오"RADIO라는 영화를 보게 되었다. 미국 남부에 위치한 한 고등학교의 미식축구 코치 헤롤드 존스Herold Jones와 그의 오랜 친구이자 지능장애인 라디오본명은 James Rober Kennedy와의 아름다운 우정을 그린 내용인데, 이는 실화를 바탕으로 만들어졌다. 헤럴드 코치는 어느 날 길거리를 방황하는 한 흑인 청년 라디오를 만나게 되고, 그가 지능장애인이라는 것을 알게 된다. 헤롤드 코치는 라디오를 외면하지 못하고 학부모를 비롯한 그 지역의 많은 사람들의 반대에도 그를 자신이 일하고 있는 고등학교로 데려와 교육을 받게 한다. 헤롤드 코치는 라디오가 그 학교에서 공부하는 것을 극구 반대하는 한 백인 부모에게 다음과 같이 말한다. "우리가 라디오를 가르치는 것이 아니라 오히려 우리가 라디오에게 배우고 있습니다. 라디오는 사람을이웃을 어떻게 대해야 하는지를 알고 있습니다."

사람마다 조금씩 다르겠지만 많은 사람들이 자신에게 주어진 하루를 열심히 사는 가장 큰 이유는, 자신의 인생을 좀 더 행복하고 성공적이며 의미 있게 살기 위해서이다. 부모들은 자신이 이룬 혹은 이루지 못한 인생의 행복, 성공, 의미를 자신들의 자녀에게 요구하고 있다.

과연 무엇이 참된 행복이고 성공이며 의미 있는 삶일까? 일반적으로 세상에서 생각하는 행복과 성공의 척도는 자기 성취에 있다고 하겠다. 그 기준은 사람마다 다르겠지만 보편적으로 개인의 명예, 부, 지적 능력, 힘 등을 얼마나 소유했느냐 하는 것이다. 그렇다면 글로벌 시대에는 이러한 성공과 행복의 기준이 어떻게 달라질 수 있는지 살펴보고, 참된 월드 클래스 시민을 어떻게 정의할 수 있는지 알아보자.

세상에서는 명예, 부, 지식, 힘 등이 왜 성공의 척도가 되는가? 주위 사람들의 관심을 사고 또 사람들의 마음을 움직일 수 있는 능력, 즉 영향력 있는 사람들을 향해 우리는 흔히 성공한 사람이라고 말한다. 그 이유는 그것들이 사람들에게 선망의 대상이 되고, 사람의 마음을 통제할 수 있는 힘을 주기 때문이다. 그래서 사람들은 명예를 얻기 위해, 돈을 벌기 위해, 지적인 능력을 쌓기 위해 그리고 타인을 제압할 수 있는 힘을 키우기 위해 온 힘을 바쳐 노력한다. 그렇다면 명예, 물질, 지식, 힘만이 주위 사람들에게 존경받고, 선망의 대상이 되며, 영향력을 주는 도구일까?

존 맥스웰John C. Maxwell이라는 리더십 연구학자는 한 개인에게 영향력을 부여하는 도구를 다섯 단계로 나누었다. 가장 낮은 단계는 사회적 위치에서 오는 영향력이다. 한 나라의 대통령, 한 기업체의 회장, 사장, 관리자, 교수 등이 이에 해당하는데 이러한 사회적 위치는 사람들에게 영향력을 미칠 수 있는 힘을 주지만, 사회적 위치를 잃었을 때 그 영향력도 함께 잃는다. 그러므로 가장 낮은 단계의 영향력이라고 말할 수 있다. 그다음으로 높은 단계는 주위 사람들에게서 오는 영향력이다. 한 개인과의 경험을 통해 그 사람이 자신에게 영향력을 미칠 수 있는 사람임을 깨닫고, 그 사람을 자신의 삶에 들어오도록 허락하는 것이다. 예를 들면 한 개인을 어떤 작은 모임의 장으로 뽑아 그가 그 모임의 지도자로서 멤버들의 삶 속에 영향력을 끼치도록 하는 것이다. 존 맥스웰은 이 단계의 영향력을 진정한 영향력의 시작이라고 했다. 그다음으로 높은 단계는 지식이나 경력에서 오는 전문인으로서의 영향력이다. 한 개인의 전문 지식이나 전문 분야에서 쌓아 놓은 업적 및 사회 기여에서 오는 영향력을 말하는데, 마이크로소프트 사의 빌 게이츠나 애플 사의 스티브 잡스가 보여 준 전문인으로서의 업적과 영향력은 어느 누구도 부정할 수 없다. 그다음은 현 지도자로서 차세대의 지도자를 길러 내고 또 그들에게 영향력을 미칠 때 오는 영향력이다. 다시 말하면 멘토mentor와 멘토리mentoree의 관계이다. 멘토와 멘토리의 관계에 대한 예로는 빌게이츠와 최초의 마이크로컴퓨터[Altair 8800] 창시자인 에드 로버트 박사, 스티브 잡스와 엔디글로브[CEO of Intel Corporation], 댄 그래햄[CEO of Graham Holding Company]과 페이스북 창시자인 마크 주커버그, 마르틴 루터 킹 주니어 박사와 제시 젝슨 목사, 소크라테스와 플라톤 등이 있다.

그러나 마지막으로 존 맥스웰이 말하는 진정한 영향력은 사회적 위치도, 전문 지식과 경험 및 업적도 아닌, 한 사람의 성숙한 삶과 인간성에서 온다고 했다. 한 개인의 삶이 주위 사람에게 신뢰를 얻어서 그 사람의 말이라면 누구든 믿고 따르는 것이다. 예를 들면 마하트마 간디, 넬슨 만델라, 테레사 수녀, 마르틴 루터 킹 목사 등이 갖고 있는 영향력이 이러한 단계의 지도력이다. 한 사람이 다섯 번째 단계의 영향력을 가질 수 있는 것은 쉽지 않은 일이라고 존 맥스웰은 주장한다. 필자는 한 평생을 선교지에서 지낸, 예순이 넘은 선교사를 만난 적이 있다. 그와 관련해 아직까지도 기억에 남는 것은 그가 30년이 넘게 사역해 온 사역지에 자신의 영향력을 끼치기 위해 그에 걸맞은 직위를 요구한 것이었다. 그는 필요한 직위를 얻기 위해 자신이 얼마나 많이 주위 사람을 힘들게 했는지 모르는 것 같았다.

그렇다면 진정한 영향력을 발휘할 수 있는 성숙한 삶이란 어떤 것일까? 3장에서는 먼저, 현재 우리 사회가 자녀들에게 가르치고 있는 미성숙한 가치관들을 살펴보고 사회과학자들의 연구에 따른 성숙한 인격의 모습과 성경에서 가르치는 성숙한 인격의 모습 그리고 성숙한 월드 클래스 시민으로 양육하기 위한 방법에 대해 자세히 알아보도록 하겠다.

한국 사회의 미숙한 모습

한국은 현재 경제 강국으로 부상하고 있음에도 우리 자녀들은 행복해하지 않는 듯싶다. 얼마 전 WHO와 One Hope's 등의 기관에서 조사한 설문에 따르면, 한국 아동 및 청소년들의 자살률이 세계에서 1위라고 한다. 또 다른 기관의 설문 결과에 따르면, 세계 OECD 국가의 청소년들과 비교해 보았을 때 한국 청소년들의 사회성, 협력성, 도덕성, 인성 그리고 학업 만족도는 아주 떨어지는 것으로 조사되었다. 이러한 결과는 글로벌 시대를 살아가고 준비하는 우리 자녀들에게 그렇게 낙관적인 현상은 아니다. 한국처럼 자녀 교육에 열성적이고 헌신하는 부모는 세계에서 찾아보기 힘들다. 그럼에도 자녀들의 반응은 그다지 긍정적이지 않다.

그렇다면 무엇이 문제일까? 대부분의 심리학자들의 연구에 따르면 청소년들의 자살, 부도덕한 행위, 비인간적인 행위, 개인주의 그리고 미래에 대한 무관심은 대부분 매우 비관적인 사회관과 왜곡되고 부정적인 자아개념 그리고 낮은 자존감에서 유발되는 행동이라는 데 동의한다. 문제는 한국 사회가 현재 아이들에게 장려하고 있는 교육의 초점이 성공주의, 경쟁 중심의 교육 그리고 극심한 물질주의에 있다 보니 어린 청소년들이 자신의 꿈을 펴 보지 못하고 포기하게 만드는 결과를 초래하고 있다는 것이다.

웬만한 미국의 대도시에서는 한국 TV 방송을 한국과 거의 동시간대에 시청할 수 있다. 지난 3월 부모 교육 세미나를 위해 하와이에 간 적이 있었다. 그곳에서 한국 TV 방송을 볼 기회가 있었는데, 그 내용을 보고 너무 충격을 받아 한동안 우울해했던 적이 있다. 한국의 15-16세의 중학생이 친구들의 왕따에 못 이겨 자살을 했다는 보도였다. 그 내용과 함께 한국 학교 내에서의 왕따의 심각성과 피해자 학생들의 고민 그리고 가해자 아동들의 어처구니없는 행동을 보여 주었다. 그 방송을 함께 시청하던 목사님 가족과 나는 할 말을 잃고 입을 다물지 못했던 기억이 난다. 더욱 필자의 마음을 우울하게 했던 것은 대부분의 피의자 학생들이 학교에서 공부를 잘하는 자녀였다는 점이다. 공부를 잘하기 때문에 부모들은 그들이 아무런 문제없는 착한 자녀라고 믿고 있었던 것이다. 이처럼 한국 교육의 문제는 학교 성적이 아동의 인격과 도덕성을 구별하는 기준이 되고 있는 것이다. 공부만 잘하면 그 이외의 모든 부정적인 행위는 눈감아 준다는 말이다. 부모들도 자녀의 학교 성적이 좋으면 혹 행동에 잘못이 있더라도 야단을 치지 못하는 것이 지금 한국 가정의 현실이다. 왜냐하면 부모들이 자녀 교육에 대한 모든 초점을 학교 성적에 맞추고 있기 때문이다.

즉, 학교 성적이 그 아이의 인격인 것이다.

우리 자녀들이 영향을 받고 있는 또 다른 충격적인 가치관은 극심한 물질주의이다. 어떤 어른이 잘못된 행동을 하는 청소년을 야단쳤다고 한다. 그랬더니 그 아이가 어른에게 대들면서 대꾸하기를 "당신 부자야?"라고 하더라는 것이다. 한국 사회가 극심한 물질주의 사회가 되었다는 반증이라고 하겠다. 다시 말해 부자는 옳은 사람이고 다른 사람들을 나무라며 가르칠 자격이 있는 사람이라는, 또 다른 미성숙한 가치관을 우리 사회는 자녀들에게 가르치고 있는 것이다. 문제는 우리 자녀들이 이렇게 잘못된 사회 가치관에 기준하여 자신의 정체성과 자아개념을 정립해 가고, 자신을 평가하며, 잘못된 선택을 하고 있다는 것이다. 교육자로서 부모로서 우리 자녀들에게 건강한 가치관을 심어 줌으로써 성숙한 인격을 소유하게 하고, 사회의 잘못된 가치관에 흔들리지 않도록 자신에 대한 분명하고 긍정적인 자아개념을 심어 주는 일이 현 사회에서 가장 시급하다고 할 수 있겠다.

사회과학자들이 말하는 인간의 성숙함

성숙한 사람에게서 볼 수 있는 인격은 어떠한가? 이에 관해 사회과학자들이 연구한 바를 살펴보고 성숙한 인격을 길러 주기 위해 필요한 것에는 무엇이 있는지 알아보자.

최근 다수의 심리학자 및 사회과학자들은 인간의 육체적physical, 지적intellectual, 사회적social, 감정적emotional, 도덕적moral 그리고 영적spiritual 발달을 체계적으로 조사함으로써 도덕적 · 영적으로 성숙한 사람에게서 공통적으로 나타나는 인격, 즉 삶의 모습은 어떠한지를 연구했다. 다시 말해 세상을 바꿀 수 있는 영향력은 어떠한 성숙함에서 비롯되는지를 조사했다.

유태계 미국인인 로렌스 콜버그Lawrence Kohlberg라는 하버드대 심리학 교수가 있었다. 지난 1987년 59세의 나이에 우울증으로 자살했는데, 그는 2차 세계대전 중 유대인들을 유럽에서 몰래 탈출하도록 도와주었다는 이유로 영국 감옥에서 죄수로 생활했다. 이 일로 인해 그는 스스로 질문을 던지기 시작했다. "과연 옳고 그름은 어떻게 구별할 것인가? 나는 위험에 처해 있는 사람들의 생명을 구해 주기 위해 내 목숨을 걸고 도와주었는데, 그것이 위법이라고 벌을 받고 있으니 도대체 어떤 것이 올바른 행동이며 도덕적인 삶인가?" 그 질문을 풀기 위해 후에 미국으로 돌아와 시카고대학교에서 학사 학위를 받고 하버드대 대학원에서 심리학 공부를 시작했다. 그러고는 1958년에 사람들의 도덕성 발달을 단계별로 구분한 "도덕 발달 단계"라는 이론으로 박사 학위 논문을 제출했다.

그의 연구 결과에 따르면, 도덕적으로 성숙한 사람일수록 어떤 상황이나 문제에 대해 옳고 그름을 결정할 때 보편적 원리에 입각하여 모든 인간의 존엄성을 고려하며, 자기 자신보다는 만민의 인권을 위해 자신을 희생하는 선택을 한다. 다시 말하면, 옳고 그름을 결정하는 기준이 자기중심적이지 않고 도덕적 원칙을 바탕으로 한 타인중심적이라는 것이다. 자신이 어떤 결정을 내려서 비록 그 결정이 자기에게 손해가 되고 또 불편해진다고 할지라도, 상대방을 먼저 배려하여 어떤 문제를 결정하는 능력이 있다는 것이다.

이후, 콜버그의 제자인 제임스 파울러James Fowler는 그의 스승이 사람의 도덕성 발달을 단계별로 연구한 것을 보고, 그는 사람들의 '믿음 발달' 혹은 '영성 발달'faith development or spiritual development을 단계별로 연구하여 논문을 발표했다. 파울러의 이론에서 '믿음'이란 단어의 정의는 그리스도 안에서의 기독교적인 믿음만을 말하는 것이 아니라 모든 인간은 어떤 대상을 믿고 의지하려는 본능이 있다는 의미이다. 이를 다른 말로 '영성'이라고 표현하는 학자도 있다. 즉 믿음 혹은 영성 발달이란 한 개인이 자신의 삶에서 의미를 만들어 가는 과정이다. 다시 말하면, 모든 인간은 자신의 존재에 대한 의미를 만들려는 본능이 있다고 주장했고, 모든 인간은 자신의 존재 가치에 대한 긍정적인 환경 즉, 삶의 의미를 만들어 가고 있다고 보았다. 이러한 가정에 준해서 파울러는 '인간이 어떻게 혹은 어떤 과정을 통해 믿음을 만들어 가고 또 그것을 어떻게 유지하는가?'에 대한 생각의 구조를 연구했다. 다시 말하면, 인간은 어떤 생각 발달 가운데서 그들의 인생의 의미를 만들어 가고 영적으로 성숙해지는가를 조사한 것이다.

파울러의 연구에서도 콜버그의 연구에서와 같이 높은 단계의 믿음·영성을 소유한 사람일수록 삶의 의미를 자신이 아닌 타인에게서 찾는다는 것이 밝혀졌다. 즉, 자아보존self-preservation보다는 다른 사람들을 위해 살려는 경향이 짙어진다는 것이다. 다시 말하면, 사람들이 성숙해질수록 자신에게 맞추어졌던 삶의 의미가 타인을 향해 발전해 간다는 것이다. 결론적으로 개인의 도덕성 및 믿음·영성 발달 이론에 따르면, 한 개인이 미성숙함에서 성숙함으로 성장해 가는 구체적인 모습은 자기 위주self-centered의 삶에서 타인 위주other-centered의 삶으로 변해 가는 것이다.

그렇다면 인간의 성숙함이 타인 위주의 삶으로 나타나는 것은 사회과학자들의 연구에 의해서만 증명된 것일까? 성경은 우리에게 어떤 모습의 성숙하고 성공적인 삶을 가르치고 있는가?

성경이 가르치는 성공적이고 성숙한 삶

여기서 먼저, 이 글을 읽고 있는 당신에게 한 가지 질문을 하고 싶다.

"당신은 예수님을 알고 있습니까?"

만약 지금 예수님을 모르는데 자녀 교육을 위해 이 책을 읽고 있다면 무엇보다도 먼저 해야 할 일은 예수님을 믿고 자녀를 신앙으로 가르치는 것이다. 신앙은 우리 인간의 인생을 복되고 목적 있게 살도록 하는 데 필수적이며, 부모가 자녀에게 물려 줘야 하는 최고의 유산이다. 왜냐하면 신앙 없이는 성공도 행복도 참으로 무의미하고 공허한 것이기 때문이다. 신앙 교육의 중요성에 대해서는 다음 장에서 자세히 다루도록 하겠다.

한편, 이 책을 읽고 있는 당신이 예수님을 믿고 있다면, 이렇게 묻고 싶다.

"당신은 왜 예수님을 믿으십니까? 당신의 자녀도 당신과 같이 예수님을 알기 원하십니까? 그렇다면 왜 당신의 자녀들이 예수님 안에서 신앙생활을 하기 원하십니까?"

왜 우리는 예수님을 알고 또 우리 자녀들에게 예수님을 가르쳐야 하는 것일까? 궁극적으로 예수님 안에서 신앙을 갖는 목적은 예수님을 닮아 가는 영적 성숙에 있다. 하지만 누가 "어떠한 사람을 두고 예수님을 닮은 영적으로 성숙한 사람이라고 하는가?"라고 질문한다면, 아마도 이에 대한 답은 개인마다 다를 것이다. 필자는 여러 곳에서 강의할 때마다 사람들에게 성숙에 대해 그들의 의견을 묻곤 한다. 과연 예수님을 닮은 성숙한 사람은 어떤 모습일까?

그동안 필자가 들은 대답을 대략 간추리면 다음과 같다. 기도를 많이 하는 사람, 성경을 많이 알고 있는 사람, 봉사를 많이 하는 사람, 헌금을 많이 하는 사람, 자신의 신념대로 사는 사람, 문제의 상황을 성숙하게 해결하는 사람, 여러 사람과 좋은 관계를 맺고 있는 사람, 하나님 중심의 삶을 추구하는 사람, 하나님 말씀에 순종하려고 노력하는 사람, 자신을 희생할 수 있는 사람 등이다. 이렇듯 성숙이란 단어에는 하나의 구체적인 언어로 표현하기 어려운 매우 추상적인 의미가 담겨 있다.

그렇다면 성경은 예수님을 닮아 가는 성숙을 무엇이라고 가르치는가? 관점에 따라 예수님을 닮아 간다는 것 또한 매우 추상적이고 광범위할 수 있다. 따라서 예수님을 닮아 가는 성공적인 삶에 대해 하나님께서 판단해 주시는 삶을 통해 살펴보자. 하나님께서 기뻐하신 삶을 마태복음 25장에 나오는 "달란트"와 "양과 염소" 비유를 통해 발견할 수 있다.

예수님은 "착하고 충성된 종아 네가 적은 일에 충성하였으매 내가 많은 것을 네게 맡기리니 네 주인의 즐거움에 참여할지어다."라고 하시고, 또한 "내가 진실로 너희에게 이르노니 너희가 여기 내 형제 중에 지극히 작은 자 하나에게 한 것이 곧 내게 한 것이니라 하시고."라고 말씀하셨다. 다시 말하면, 우리 하나님이 기뻐하시는 성공적인 삶은 하나님이 우리 각자에게 맡겨 주신 일에 성실히 순종하는 충성된 삶을 말하며, 이 세상에서 천대받는 작은 사람에게 사랑을 베풀며 사는 삶임을 가르친다. 그러한 모습이 우리 예수님의 삶이셨다. 성경 말씀이 가르치는 성공적인 삶은 예수님의 삶을 닮아 가는 것인데, 그것은 그의 인격예수님은 어떤 분이셨는가?과 그가 살아간 삶그는 어떻게 사셨는가?을 닮는 것이다.

예수님의 인격과 삶이 가장 잘 나타난 말씀이 산상수훈이다. 인도의 마하트마 간디와 같이 예수님을 믿지 않는 사람들도 산상수훈을 정말 위대한 가르침으로 인정한다. 그 이유는 내용이 단지 좋아서만이 아니라 예수님께서 실제적으로 그 가르침대로 사셨기 때문이다. 예수님은 산상수훈을 통해 그가 어떤 분이시며 어떻게 사셨는가를 가르치신다. 산상수훈에서 말하는 예수님을 닮아 가는 성공적인 삶의 기본은 내 중심의 삶이 아닌 이웃을 위한 삶이다.

성경학자들은 예수님의 인격에 대해 언급할 때 자신을 위해 존재하셨고 사셨던 분이 아니라 타인 즉, 우리를 위해 존재하셨고 사셨던 분이라고 말한다. 다시 말하면, 예수님을 닮아 가는 성공적인 삶이란 타인의 이익을 위해 자신을 희생할 수 있는자신보다 타인을 앞세울 수 있는 그런 용기 있는 삶이다. 예수님 이외에도 우리가 알고 있고 존경하는 많은 성인이 왜 성인으로 존경받고 세상에 영향을 미쳤는가를 알고 나면, 그들이 자신의 삶을 타인을 위해 희생했기 때문임을 알 수 있다.

한국 사람이면 모두가 잘 알고 또 존경하는 사람 중 한 분이 바로 이순신 장군이다. 필자도 누군가에게 가장 존경하는 사람이 누구냐는 질문을 받는다면, 서슴지 않고 이순신 장군이라고 말할 것이다. 그 이유는, 물론 이순신 장군이 그의 지도자적인 기질과 기막힌 전술로 힘과 숫자로 볼 때는 상대할 수 없는 일본과 맞서 23전 23승을 거둔 데도 있지만, 그보다 앞서 그의 삶을 나라, 부하 그리고 백성을 위해 희생했다는 데 있다. 반대로 당시 이순신 장군과 경쟁 관계였던 원균 장군은 자신의 명예를 위해 자신의 부하를 모두 전쟁에서 죽게 하고 나라를 위험에 빠뜨렸다. 그래서 한 사람은 영원한 영웅으로, 또 다른 한 사람은 영원한 실패자로 역사에 남은 것이다.

빌립보서 2장 5-9절에 보면, "너희 안에 이 마음을 품으라 곧 그리스도 예수의 마음이니 그는 근본 하나님의 본체시나 하나님과 동등됨을 취할 것으로 여기지 아니하시고 오히려 자기를 비워 종의 형체를 가지사 사람들과 같이 되셨고 사람의 모양으로 나타나사 자기를 낮추시고 죽기까지 복종하셨으니 곧 십자가에 죽으심이라 이러므로 하나님이 그를 지극히 높여 모든 이름 위에 뛰어난 이름을 주사."라고 말한다. 예수님은 자신을 낮추셨고 죽기까지 하나님께 복종하셨다. 하나님은 그러한 예수님을 높이셨다. 이것이 성경에서 가르치는 성공적인 삶이다. 즉 자기중심적인 삶이 아닌 하나님 중심적인 삶, 하나님께 순종하는 삶 그리고 이웃의 입장을 이해하고 배려하며 그들을 위해 자신을 희생할 수 있는 삶, 그것이 바로 성경에서 가르치는 성공적인 삶의 모습이다.

죽도록 자신을 희생하신 예수님은 이 세상에서 가장 존경받는 인물로서 온 세상 사람들에게 영향력을 끼치고 있다. 독일의 신학자 본회퍼Bonhoeffer는 예수님을 가리켜 한마디로 "타인을 위해 존재하셨던 분"이라고 말했다. 이러한 성숙한 삶에 대한 성경의 가르침은 사회과학자들의 연구에 의해 발표된 것과 다르지 않다.

그렇다면 이 책을 읽고 있는 당신은 어떤 사람을 월드 클래스 시민이라고 정의하겠는가? 월드 클래스 시민은 성숙한 시민, 인간의 존엄성을 생각하는 시민, 이웃을 위해 자신을 희생할 수 있는 시민, 사랑이 필요한 사람에게 사랑을 베풀 수 있는 시민, 도움이 필요한 사람에게 도움을 줄 수 있는 시민, 나의 것을 나눌 수 있는 시민, 이웃에게 존경받는 시민으로서 이웃에게 영향을 미치는 사람이라고 필자는 정의하고 싶다. 아마도 어떤 부모들은 이러한 월드 클래스 시민에 대한 정의에 찬성하지 않을지도 모르겠다. 자신의 자녀들이 타인을 위해 자신을 희생하는 것을 원하지 않는 부모들도 있으리라고 생각한다. 그러나 궁극적으로 받으며 사는 삶보다는 베풀며 사는 삶이야말로 축복받은 삶이요, 행복한 삶이요, 성공한 삶이라는 것을 깨달아야 한다.

월드 클래스 시민으로 양육하기 위해 필요한 요소

우리 자녀들을 월드 클래스 시민으로 양육하기 위해 어떤 교육 방침이 필요한가? 아동심리학자인 낸시 아이젠버Nancy Eisenberg는 아동들의 '친사회적 행위'pro-social behavior 연구의 대가로 알려져 있다. 친사회적 행위란 '사회지향적 행위' 혹은 '도덕적 행위'라고도 불리는데 '개인이 자신의 희생을 무릅쓰고라도 타인의 이익을 위해 취하는 행위'라고 정의한다. 친사회적 행위 능력은 위에서 언급한 타인 중심의 성숙한 삶과 매우 깊은 관계가 있다. 예를 들면, 우리가 삶 속에서 종종 경험하는 일이다. 어려움에 처해 있는 사람을 목격할 경우, 마치 아무것도 보지 못한 것처럼 무관심하게 그냥 지나치는 사람이 있는가 하면, 한편으로는 그냥 지나치지 못하고 그에게 다가가서 어떻게든지 도움을 주려고 애쓰는 사람이 있다. 얼마 전 세월호가 침몰할 때 대부분의 승무원들은 승객들을 버린 채 제일 먼저 배에서 탈출해서 세상의 웃음거리가 되었다. 반면 몇몇 승무원과 학생 등은 타인을 구하기 위해 자신의 목숨을 잃었는데, 이는 친사회적 행위의 본을 보인 사람들이라고 하겠다. 성경의 '선한 사마리아 사람'의 비유가 이러한 경우를 잘 설명한 예다. 3-4살 된 어린아이들을 관찰하면, 어린 나이에도 불구하고 친사회적 행위를 하는 아이와 그렇지 않은 아이가 있음을 관찰할 수 있다. 가령 함께 놀던 친구가 다쳤거나 위험한 환경에 처했을 때,

어떤 아이는 그 친구 옆에서 걱정하는 얼굴로 친구의 어려움을 위로하고 나누는 반면, 어떤 아이는 전혀 상관하지 않고 무관심하게 자신이 하던 놀이를 계속하는 경우를 볼 수 있다.

아이젠버그와 그의 동료 뮈센은 다년간 세계 아동들을 대상으로 친사회적 행위의 근원에 대해 연구했다. 무엇이 아동들로 하여금 친사회적 행위를 하도록 동기부여를 하는가? 그들은 아동의 타고난 성격, 문화적 영향, 연령, 성별, 가정의 경제적 환경, 부모의 양육 방법 및 환경, 아동의 지적 능력[타인견해수용 능력], 아동의 자아개념, 감정이입 능력, 사회환경 등 아동의 행동에 영향을 미치는 다양한 요소들을 장기간 연구했다. 그 결과 아동의 자아개념[self-concept] 및 감정이입 능력[empathy] 그리고 부모의 양육 방법 및 환경이 아동의 친사회적 행위발달에 가장 큰 영향을 미치는 요소로 밝혀졌다. 특히 친사회적 행위는 자신에 대해 긍정적인 자아개념 즉, 긍정적인 정체성을 소유하고 있는 아동에게서 자주 관찰할 수 있었으며, 더욱이 긍정적인 자아개념은 감정이입 능력 및 타인견해수용 능력의 발달을 돕는 주된 역할을 하기 때문에 성숙한 사회적 행동을 가능케 하고, 친사회적 행동에 동기를 부여하는 주된 요소라고 주장했다.

타인견해수용 능력과 감정이입 능력은 모두 도덕성 발달과 관계된 개인의 특성으로 타인의 정서 상태를 경험할 수 있는 일종의 능력이다. 그러므로 아동들에게 도덕적 행위를 가르치거나 그들의 행위를 고치기 위해 타인의 정서 상태를 경험하도록 하는 것이 효과적인 교육 방법 중의 하나로 널리 실천되고 있다. 또한 심리학자 클락[D.M.clark]은 타인견해수용 능력은 자기와 타인과의 차이를 인식할 수 있도록 도와주고, 감정이입이란 다른 사람의 정서 상태를 경험하는 능력으로 자기와 타인과의 유사성을 인식할 수 있도록 도와준다고 했다. 바꿔 말하면 타인 위주의 삶 즉, 성숙한 인격은 자아정체성 및 자아개념과 깊은 관계가 있는데 이는 자아정체성 및 자아개념이 타인견해수용 능력[social perspective taking]과 감정이입 능력[empathic ability] 발달을 돕는 중요한 요소이기 때문이다.

또한 타인견해수용 능력 및 감정이입 능력은 타인의 생각과 감정을 이해할 수 있는 핵심적인 능력으로서, 성숙한 인격 형성에 필수 조건이다. 다시 말하면, 타인을 이해하고 포용하기 위해서는 자신이 누구인가를 먼저 충분히 아는 것이 먼저라는 것이다. 다수의 아동심리학자들도 위의 연구 결과에 동의하는데, 분명한 정체성 및 긍정적인 자아개념을 소유하고 있는 아동들, 즉 자신은 좋은 사람이라고 생각하는 아동들에게 친사회적 및 도덕적 행위를 자주 관찰할 수 있다는 것이다. 그러므로 자아정체성 및 자아개념의 발달은 타인견해수용 능력 및 감정이입 능력 발달뿐만이 아닌, 개인의 성숙한 인격 형성에 필수 요소이다.

미국에서는 가끔 어른들을 부끄럽게 하며 세상을 놀라게 하는 아이들의 이야기를 접하게 된다. 지금은 21살 대학생으로 세계적인 라이언우물재단Ryan's Well Foundation의 리더인 라이언 휠잭Ryan Hreljac이 바로 그러한 아이 중의 하나다. 라이언은 초등학교 1학년 때인 1998년에 선생님께 아프리카 아이들은 물 한 통을 얻기 위해 아주 먼 거리를 걸어야 한다는 말을 듣게 되었다. 이후 6살 라이언은 아프리카 아이들을 위해 우물을 파 주어야겠다고 결심하고, 집에서 부모를 도와 받은 돈과 가족, 이웃 그리고 친구들에게서 모금한 돈을 모아 아프리카에 우물을 파 주기 시작했다. 15년이 지난 오늘날, 라이언은 대학생이자 라이언우물재단의 리더로서 세상에 영향력을 끼치고 있다. 그동안 라이언의 노력을 통해 아프리카 16개 나라에 667개의 우물을 팠다. 또한 라이언의 봉사는 미국의 영화배우 맷 데이먼Matt Damon 등과 같은 세계적인 유명인의 마음을 움직였다. 최근 그도 water.org라는 기구를 설립하여 생수가 부족한 나라에 물을 보급하는 데 주력하고 있다.

라이언은 힘든 상황에 있는 또래 아이들을 도와야 한다는 순수한 마음에서 시작한 일이 이렇게 큰 일이 될 줄은 몰랐다고 겸손히 말한다. 텔레비전 토크쇼인 오프라 윈프리 쇼에 초대되었던 6살의 라이언은 자신이 한 일을 다음과 같이 표현했다. "세상은 공평하지 않은 것 같다. 하나님은 세상을 완벽하게 만들지 않으셨다. 그 완벽하지 않은 세상을 우리 사람들에게 완벽하게 만들라고 그러신 것 같다. 그러므로 우리의 일은 완벽하지 않은 세상을 공평하고 완벽하게 만드는 일이다." 6살짜리 소년의 이 말은 어른들을 부끄럽게 하고 놀라게 했다. 그의 부모 또한 텔레비전 쇼에 초대되어 인터뷰를 했는데, 그 엄마는 "내 아들이 그렇게 기특한 생각을 하고 있는데 어떻게 그 생각을 키워 주지 않겠느냐."라며 겸손히 말했다. 자기밖에 모르고 떼를 쓸 6살 어린 나이에, 어려운 환경에 처한 아동들을 보며 부담을 갖고 그들을 도와주어야 한다고 생각하는 어린 라이언의 마음도 참으로 기특하지만, 뒤에서 아들 라이언의 생각을 허황된 것이라 여기지 않고 그것을 올바른 방법으로 도와준 그의 부모 또한 참으로 훌륭하다고 하겠다. 6살 어린아이의 작은 마음으로 시작한 라이언의 친사회적 행위가 오늘날 그를 세계적인 지도자로 만들었고, 세상의 많은 사람들에게 지금까지 도전을 주고 있다.

신앙인들의 믿음생활도 마찬가지이다. 예수님을 닮는 기독교인다운 행동은 기독교인으로서의 정체성이 분명하고 하나님 자녀로서의 긍정적인 자아개념이 있을 때 올바로 이루어질 수 있다. 예수님이 철저히 세상을 위해 존재하실 수 있었던 것은 그가 하나님 자녀로서의 정체성과 세상에서의 자신의 존재 목적을 분명히 아셨기 때문이다. 이 외에 사도 베드로와 바울을 비롯한 예수님을 따랐던 제자들이 처참한 순교를 기쁨으로 감당할 수 있었던 것도 그들이 예수님과의 관계를 통해 그들의 정체성을 분명히 인식할 수 있었기 때문이다. 그러므로 성숙한 인격 형성을 위해 개인의 정체성을 인식하는 것은 무엇보다도 중요한 첫 단계라고 하겠다. 더 나아가 개인의 진정한 정체성을 인식하기 위해서는 먼저 창조주 아버지와 예수님과의 관계를 통해 그들을 아는 것이 우선이라고 필자는 주장한다. 왜냐하면 창조주 아버지와 예수님을 이해하지 못하고는 우리의 진정한 정체성을 이해할 수 없기 때문이다.

요약하면, 성경에서 그리고 사회과학자들이 의미하는 성공적이고 성숙한 삶이란 타인을 위해 자신을 희생하면서 타인 중심의 삶을 영위하는 능력이다. 타인을 이해하고 그들 중심의 성숙한 삶을 살기 위해서는 하나님과의 관계에서 자신의 정체성을 분명히 이해함으로 긍정적인 자아개념을 정립하는 것이 필수적이다. 왜냐하면 이웃을 배려하고 그들을 위해 자신을 희생할 수 있는 능력은 참 믿음 즉, 예수님에 대한 사랑과 그 믿음에서 생기는 그리스도인으로서의 뚜렷한 자기정체성[자아개념]과 건강한 자존감[즉 예수님의 자녀라는]에서만 나올 수 있기 때문이다. 그러므로 부모들은 자녀들이 예수님께 칭찬받고 또 사회에서 환영받는 성공적인 삶을 살아가도록 양육하기 위해서 자녀들이 자신에 대한 분명한 정체성과 긍정적인 자아개념을 형성하도록 도와주어야 한다. 그러기 위해서는 먼저 우리 자녀들이 예수님 안에서 거듭남으로 그들이 예수님의 자녀로서의 정체성을 확립하고 건강한 자아개념과 자존감이 형성되도록 도와주는 것, 즉 성숙한 인격을 갖추는 신앙 교육이 자녀 교육의 기본이 되어야 한다.

4장

자아정체성과 궁정적 자아개념

인간의 생명을 존중하는 아프리카의 성자로 잘 알려져 있는 독일의 유명한 선교사요, 철학 박사, 신학 박사, 음악 박사, 의학 박사인 알버트 슈바이처Albert Schweitzer는 아프리카 밀림에서 아내와 함께 흑인들의 상처를 싸매 주고 수술을 해 주며 그 당시 인권을 존중받지 못했던 흑인들을 위해 일생을 바쳤다. 세상이 동경하는 모든 것을 갖추고 있던 슈바이처 박사가 그 모든 것을 다 내려놓고 아프리카로 갈 수 있었던 용기와 그 동기는 어디서 나왔을까?

앞 장에서 필자는 이 시대를 성공적으로 살아가도록 자녀를 교육하기 위해서는 성숙한 인격자로 양육하는 것이 무엇보다도 중요하다고 말했다. 또한 성숙한 인격자로 양육하기 위해 먼저 부모가 해야 할 일은 자녀에게 분명한 정체성을 심어 주고, 나아가 긍정적인 자아개념 즉 자존감을 갖도록 도와주는 것이 필요하다고 언급했다. 그렇다면 4장에서는 정체성 및 자아개념이란 구체적으로 무엇을 말하고, 그것이 개인의 삶 속에 미치는 영향은 무엇이며, 자녀들이 어떻게 긍정적인 자아개념 및 자존감을 형성하도록 교육할 수 있는지에 대해 살펴보겠다.

자기정체성 및 자아개념이란?

자기정체성self-identity, 자아개념self-concept, 자존감self-esteem 등은 일반적으로 '나는 누구인가?'who am I?라는 질문과 관계한다. 자기정체성이나 자아개념이 인지적인 자기 이해에 많은 비중을 두고 있다면, 자존감은 자기정체성 혹은 자아개념에 대한 긍정적 혹은 부정적인 자기 평가, 즉 감정적인 느낌을 말한다. 예를 들어 한국인에 대해 긍정적인 감정을 갖고 있는 사람은 자신이 '한국인'이라는 긍정적인 정체성을 소유하겠지만, 반대로 한국인에 대해 부정적인 감정을 갖고 있는 사람은 한국인이라는 자기정체성에 대해 낮은 자존감을 소유하게 될 것이다. 다시 말하면, 긍정적이거나 부정적인 자아개념은 높거나 혹은 낮은 자존감 형성과 깊은 관계가 있으며, 그 사람의 행동과 언어 그리고 대인관계에 큰 영향을 미친다. 또한 자기정체성이나 자아개념은 시간이나 환경이 변해도 바뀌지 않지만 자존감은 시간이나 환경의 변화에 따라 바뀔 수 있다.

자아정체성 혹은 자아개념 형성에 대해 많은 학자들이 연구해 오고 있는데, 특별히 미국의 사회과학자의 선도자라고도 불리는 윌리엄 제임스William James는 한 개인의 생각과 행동을 이해하기 위해서는 그 개인의 자아정체성에 대한 연구가 필수적이며, 기본이 되어야 한다고 주장했다. 제임스는 정체성 형성에 있어 주체로서의 자아형성과 객체로서의 자아형성을 구별했는데, 주체로서의 자아는 주관적인 자아 이해를 말하며, 객체로서의 자아는 객관적인 자아 이해를 말한다. 다시 말해, 주관적인 자아 이해는 자신 스스로 생각하는 자신의 정체성이며, 객관적인 자아 이해는 외부로부터 알게 된 자아정체성이다. 제임스에 따르면, 주체적인 자아는 반복되는 자신의 삶의 경험을 통해 타인과 구별되는 자신의 독특함을 발견하고, 장기간 지속적으로 나타나는 자신의 특성을 경험하며, 자신의 경험을 통해 주관적인 자신의 정체성을 알아가는 것이다. 반면 객체적인 자아는 신체적인 특성과 사회생활 가운데서의 관계성과 역할, 그 관계 안에서 나타나는 자신의 성격적인 특성과 영적인 내면 즉 의식, 생각, 심리적인 특성을 통해 알게 된 자신을 말한다. 그러므로 진정한 자아정체성을 발견하고 이해하기 위해서는 자신의 내면 세계를 스스로 들여다볼 수 있는 지적 능력과 인간관계에서 자신에 대한 타인의 관점을 이해할 수 있는 능력이 요구된다.

한 개인이 자신의 자아정체성을 분명히 인식하기 위해서는 주관적인 자아[자신 스스로 인식하고 있는 자신의 내면적인 모습]와 객관적인 자아[사회에서 타인에게 인식되고 있는 자신의 모습]가 일치해야 한다. 다시 말하면, 스스로 자기 자신을 개관적으로 진단하고 인식할 수 있는 지적 능력과 한 개인이 속해 있는 사회 및 환경에서 타인이 자신을 보는 모습, 즉 타인의 눈에 비추어진 자신의 모습을 기초로 자신을 객체화할 수 있는 능력이 필요하다. 그렇기 때문에 자신의 정체성을 명확히 알기 위해서는 사회와 사람과의 관계 경험과 끝없는 자기 진단이 필요하다.

베드로는 예수님을 무척이나 사랑했던 제자 중의 한 사람이었다. 그는 모두가 예수님을 떠나도 자신만은 절대로 떠나지 않을 것이라고 장담했던 제자였다.[마 26:33] 그러나 그는 몇 시간 후에 예수님을 세 번이나 부인했다.[마 26:68-75] 예수님을 부인한 자신의 모습을 보는 순간, 그는 심히 통곡했다고 성경은 기록하고 있다. 자신의 부족함을 깨달은 베드로는 자신이 할 수 있는 일은 고기 잡는 일이라며 다시 바닷가로 갔다. 그리고 그곳에서 부활하신 예수님을 만난다. 예수님이 "네가 나를 사랑하느냐?"라고 물었을 때 어떤 상황에서든지 자신 있게 말하던 예전과는 달리, "내가 예수님을 사랑하는지는 당신이 아십니다."라고 겸손히 답한다. 그 후 베드로는 주님을 위해 처참하게 순교당하는 것을 마다하지 않는 주님의 종이 되었다. 우리는 모두 베드로처럼 자기 내면의 약한 모습을 볼 수 있는 기회를 가져야 한다. 예수님이 나를 보는 눈으로 나 자신의 모습을 볼 수 있을 때 비로소 진정한 인격 성숙의 첫 걸음이 시작된다.

긍정적인 자아개념과 성숙한 인격 형성

사람은 하루에도 수없이 많은 결정을 하고 그 결정에 대한 행동을 취한다. 주어진 상황에서 선택과 결정을 하고 어떤 행동을 취하는가 하는 것은, 그 사람의 정체성 인식 및 가치관과 깊은 관계가 있다. 왜냐하면 대부분의 사람들은 한 개인이 그 자신의 정체성과 걸맞은 결정을 하고 행동하기를 기대하기 때문이다. 그래서 사람들은 자신에 대한 정체성과 관련된 질문을 받았을 때 자신의 이름과 직업이 무엇인지를 꼭 밝힌다. 그만큼 자신이 하고 있는 일과 그 직업과 동반된 행위는 그 사람의 정체성 인식에 중요한 요소가 된다.

사람들은 교육자에게서는 교육자다운 결정과 행동이 나오기를 바라고, 사업가에게서는 사업가다운 행동과 결정이 나오기를 기대한다. 한 교회의 목사가 "요즘은 왜 이렇게 쓸 만한 사람이 교회에 안 들어와!"라는 말을 해서 주위의 많은 사람들을 실망케 한 적이 있다. 목회자로서 기대되지 않은 언행이었기 때문이다. 그러나 사업가가 "요즘은 왜 이렇게 쓸 만한 사람이 일터에 안 들어와!"라고 했다면 아무런 문제가 되지 않았을 것이다. 당연히 사업가로서 요구할 수 있는 언행이기 때문에 이것으로 그 사업가의 정체성을 탓하는 사람은 아마 없을 것이다. 교사가 그의 어린 제자와 성 관계를 갖는 것은 법적 · 사회적으로 처벌받는 행동이다. 그것은 교사라는 정체성과 맞지 않는 행동이기 때문이다. 또 군인이 적을 죽이는 것을 두고 비난할 사람은 아무도 없다. 오히려 군인이 적을 죽이지 않았을 경우 그는 벌을 받게 된다. 이렇듯 정체성과 행동은 매우 깊은 관계가 있다. 목사나 교육자가 그의 정체성과 걸맞지 않는 행동을 할 경우, 사회에서는 일반적으로 그 사람의 인격을 탓하게 된다. 그렇다면 인격 부족은 정체성 부족이라고도 말할 수 있을까?

많은 학자들이 자아개념 · 자기정체성 형성과 인격의 성숙함과의 관계를 연구했다.[Nisan, 1996; Kang, 2000; Blasi, 1995; Gfellner, 1986; Benninga, 1980; Lee & Snarey, 1988; Ludwig, 1976] 그들의 연구에 따르면, 개인의 정체성은 성숙한 인격 형성과 긴밀한 관계가 있다. 특히 개인이 자기 자신에 대해 명확한 자기정체성을 갖는다는 것은, 그 사람이 자신의 삶에서 뚜렷한 목적과 방향을 정해 놓고 살도록 하는 동기부여가 된다.

블라시[Blasi]라는 사회과학자는 인간의 정체성[identity], 도덕성[morality] 그리고 감정[emotion]이 서로에게 미치는 관계를 연구했다. 그는 개인에게 있어 도덕성의 완성은 그 개인의 도덕성 이해와 관심이 자신의 정체성의 일부분이 되었을 때 이루어진다고 주장했다. 또한 블라시는 정체성과 도덕성은 처음에는 분리된 인간심리 구조라고 보았다. 그러나 정체성과 도덕성이 서서히 통합되면 도덕적인 정체성을 형성하게 된다고 말했다. 이러한 통합이 이루어지면, 도덕성은 감정과 동기부여의 힘을 통해 그 개인의 성격의 일부분으로 변하게 되고, 도덕성의 이해는 도덕적 동기부여와 함께 도덕적인 행동을 유발한다. 쉬운 예로, 신앙이 없던 사람이 신앙인이 되었을 경우, 그는 정체성의 변화가 생기고 그로 인해 처음에는 의도적으로 신앙인다운 도덕적 행동을 하게 된다. 그러한 도덕적인 행동을 통해 마음에 기쁨과 흡족함을 경험하면서, 이는 이러한 행동을 계속하게 하는 동기부여가 되고, 되풀이하는 행동이 그 개인의 성품으로 변하게 된다.

또한 종교교육학자 니산Nisan은 그의 연구를 통해 한 개인에게 옳고right 좋은good 행동을 하도록 동기부여를 하는 것은 타인에게 자신이 좋은 사람이라는 이미지 혹은 자기정체성을 표현하고 싶은 인간의 기본적인 본능 때문이라고 주장했다. 바꿔 말해 사람들이 도덕적인 행동을 하는 이유는 주위 사람들에게 좋은 사람이라는 인식을 받고 싶기 때문이고, 아울러 그러한 이미지를 계속 간직하고 싶은 충동이 도덕적 행동을 취하는 동기부여가 된다는 것이다. 그러므로 자신에 대한 긍정적인 정체성 및 자아개념은 도덕적 생각과 그것을 행동으로 옮기도록 유도하는 중요한 동기부여 역할을 한다고 볼 수 있다. 따라서 자녀들에게 칭찬을 많이 해야 하는 이유는, 그런 아동들이 자신에 대한 긍정적인 자아개념을 형성하게 되기도 하지만, 칭찬을 계속 받거나 자신의 좋은 이미지를 유지하려고 옳은 행동을 계속 하기 때문이다. 그렇다고 잘못을 해도 칭찬을 하라는 말은 아니다. 현 세대에 자라는 아동들에게 나타나는 가장 큰 문제 중의 하나는 아동들이 가정규칙과 가정교육 없이 자라고 있다는 것이다. 다음 장에서도 다루겠지만, 부모가 자녀의 모든 행동을 받아들이고 허용하는 것은, 자녀의 긍정적인 자존감 및 자아개념 형성에 전혀 도움이 되지 않는다.

이와 반대로, 한 개인의 부정적인 자아개념은 자신의 인격뿐 아니라 사회관계성을 어렵게 하는 주된 이유가 되므로 인생을 파멸로 이끄는 주된 원인이 된다. 다니엘 길리건Daniel Gilligan이라는 심리학자는 30여 년간 수많은 감옥소의 죄수를 인터뷰해서, 죄수들이 범죄를 자행하는 공통적인 이유가 무엇인지에 관해 연구했는데, 그 연구 결과에 따르면 대부분의 범죄자들의 공통점은 자신에 대한 낮은 자존감과 부정적인 자아개념을 갖고 있었다는 것이다. 흔한 표현으로 '나는 별 볼일 없는 사람인데, 무슨 짓을 하든 누가 상관하겠냐?' 하는 낮은 자존감에서 파괴적인 행동이 나온다는 것이다. 이에 준해서, 니산이 주장하기를 도덕 교육이나 종교 교육은 긍정적인 자아개념 혹은 자기정체성 발달에 초점을 두어야 한다고 결론지었다.

루드윅Ludwig 또한 개인의 자아정체성과 영적 성숙의 관계성에 대해 연구했는데, 개인의 정체성은 그 사람의 인생에 대한 태도를 결정짓게 하는 기초가 되고 인생의 방향을 설정하며 그 사람이 삶에 있어서 좋은 것과 가치 있는 것을 선택하게 하는 기본이 된다고 했다.

요약하면, 분명하고 긍정적인 자아개념 · 자기정체성은 개인에게 자신의 정체성에 합당한 행동을 유발할 뿐 아니라 성숙한 인격을 형성하는 데 절대로 필요한 요소임을 알 수 있다. 그렇다면 개인의 자아정체성은 어떻게 형성되며, 긍정적인 자아개념 · 정체성 형성을 위해 해야 할 일은 무엇인가?

자아정체성 및 자아개념 발달

독일계 미국인 심리학자 에릭 에릭슨Erik Eriksen은 발달심리학의 선구자 중의 한 사람으로 개인의 정체성과 자아개념 발달을 연구했다. 그의 자아개념 발달 이론은 현재 심리학 및 교육계에서 가장 많이 인용되고 있는 권위 있는 내용이기도 하다. 그는 인간의 자아개념 발달은 인생의 전 단계에 걸쳐 이루어진다고 보았고, 그는 인간의 발달 과정을 8단계로 나누어 이론을 전개했다. 특히 인간의 자아개념 발달에 있어 환경과 관계의 중요성을 지적했다. 다시 말하면 아기는 태어나면서부터 긍정적인 혹은 부정적인 환경과 관계를 경험하는데, 어떤 환경과 관계를 경험하는지에 따라 그 아기가 긍정적인 자아개념 및 정체성을 형성하기도 하고 부정적인 자아개념 및 정체성을 형성하기도 한다고 주장했다. 이러한 발달 과정에서 자신을 긍정적으로 혹은 부정적으로 인식해 가는 주된 매개체가 아동이 느끼는 감정이므로 에릭슨의 자아개념 발달 이론을 심리정서 발달Psychoemotional development 혹은 성격 발달personality development이라고 부르기도 한다. 그는 또한 지적인 역할 및 성장에 따라 자아 발달에서의 단계적 변화가 있음을 지적하고, 그 단계에 따라 주관적 자아의식이 형성된다고 주장했다. 다시 말하면, 인간은 각 단계의 발달 과정을 거치면서 긍정적 영향과 부정적인 영향의 교차, 즉 성장해 가면서 각 시기마다 경험하게 되는 갈등을 거치는데, 이 갈등을 경험해 가는 과정을 통해 자아 발달이 이루어진다는 것이다.

에릭슨은 인간의 발달 과정, 자아개념 발달을 아기가 태어난 후부터 8단계로 나누었는데, 최근 더욱 많은 관심을 끌고 있는 태아 교육에 따르면 개인의 긍정적 혹은 부정적인 자아개념은 태어나기 이전, 엄마의 뱃속에서부터 시작된다고 보아도 좋다. 따라서 엄마가 임신을 하면서부터 자녀 교육이 시작된다고 봐도 과언이 아니다. 태교와 태아의 두뇌 발달의 관계를 연구한 김수용 박사의 연구에 따르면, 사랑을 많이 받은 임산모의 태아 두뇌는 그렇지 않은 임산모의 태아 두뇌보다 훨씬 두껍고 빨리 성장한다고 주장했다. 그래서 태아의 두뇌 발달을 위해 무엇보다도 중요한 것은 엄마가 사랑을 많이 느끼는 것이라고 말했는데, 미국의 신생아학자인 월스 박사[Dr. Frederick Wirth] 또한 같은 주장을 했다.

월스 박사는 태교와 태아의 감정 발달에 대해 연구했는데, 임산부가 사랑을 받으면 뇌에서 뉴로펩타이드[neuropeptides]라는 호르몬이 생성된다고 했다. 그러면 그 호르몬이 엄마의 혈관을 통해 태아의 뇌[limbic system]를 자극해 태아가 태어난 후에도 엄마의 뱃속에서 경험했던 사랑의 감정을 기억하게 된다는 것이다. 또한 그 감정을 다시 경험하게 되면, 그 감정에 빠른 반응을 보인다고 한다. 임산부가 임신 중에 스트레스를 많이 받거나 감정적으로 불안한 상태에 있으면 태아의 감정 발달에 부정적인 영향을 준다. 따라서 성장 과정에서 부정적인 자아개념과 낮은 자존감이 형성 가능하며, 문제아[behavioral problems]로 성장할 가능성이 높다. 반면 사랑을 많이 받거나 느낄 경우, 태아의 감정 발달에 긍정적인 영향을 주어 긍정적 자아개념 및 정체성 형성에 도움이 된다.

또한 미국의 과학 분야 기자인 애니 머피 폴[Annie Murphy Paul]은 *Origin*[오리진]이라는 책을 통해 태아가 엄마의 뱃속에서 얼마나 배울 수 있는지에 대해 언급했는데, 그녀의 책은 그동안 서구 문화에서 일반적으로 받아들여졌던 '신생아는 백지 상태'blank slate라는 생각에 도전하는 계기가 됐다. 폴에 따르면 태아는 4개월 때부터 청각이 발달하여 엄마와 아빠의 음성을 구분한다고 한다. 태아는 7개월이 되면 부모의 언어를 배우는데, 아이가 태어나면서부터 그 울음소리에서 모국어의 악센트를 구별할 수 있다는 것이다. 또한 태아는 엄마가 임신 중에 먹었던 음식의 맛을 기억해서 엄마의 입맛을 따라간다고 한다. 폴이 이 책에서 주장하는 것 또한 아동의 감정과 자아개념은 태아 때부터 시작된다는 것이다. 부모의 사랑스러운 목소리와 웃음소리를 듣고 자라난 태아는 그만큼 감정적으로 안정되며, 또한 자신에 대해 긍정적인 자아개념을 소유하게 된다고 한다.

영아기(0-1세)

에릭슨은 영아기를 인간의 자아개념 발달의 가장 중요한 시기로 보았다. 에릭슨은 이 시기에 영아가 양육자, 특히 엄마와의 관계에서 자신과 타인에 대한 신뢰 혹은 불신의 감정을 배우게 된다고 말한다. 이 시기에 영아는 울음으로 자신의 요구를 표현한다. 울음은 영아의 기본적인 대화수단이라고 하겠다. 배가 고파도 울고, 자고 싶어도 울고, 불편해도 울고, 또 누군가의 관심이 필요할 때도 운다. 아이가 울 때마다 아이의 요구에 사랑과 관심으로 응답해 주는 부모들이 있는가 하면, 아이를 길들인다는 이유로 울어도 응답하지 않는 부모가 있다. 영아가 그 요구에 불규칙적이고 무관심 혹은 부정적인 반응을 반복해서 경험할 경우, 영아는 자신이 사랑받고 있는 존재가 아니라고 느끼며, 자신에 대한 부정적인 자아를 형성할 뿐 아니라 타인을 불신하게 된다. 그런데 영아기 시기에 잠재적으로 발달되는 타인 및 자신에 대한 신뢰 및 불신의 감정은 성인이 되어서도 타인과의 관계에서 또 결혼 후 배우자와의 관계에서도 나타난다. 다시 말하면, 자신을 신뢰하지 못하기 때문에 어떤 일이 주어졌을 때에도 신념을 갖고 끝까지 완성하지 못하며, 인관관계에서도 자신 및 타인에 대한 불신으로 인해 오랫동안 좋은 관계를 유지하기가 힘들다.

신뢰와 불신의 감정은 더 나아가 개인의 신앙생활에도 영향을 미치는데, 인간의 신앙 발달 이론을 발표한 사회과학자 제임스 파울러는 이 시기를 무의식의 세계를 형성하는 때인 동시에, 이후의 신앙 발달을 위한 기초를 형성하는 시기라고도 했다. 다시 말하면, 이 시기에 신뢰를 배우지 못한 사람은 후에 하나님을 믿는 신앙생활에서도 하나님을 신뢰하지 못하는 어려움을 갖게 된다는 것이다.

영아의 자아개념에 가장 영향을 미치는 사람은 엄마인데, 자녀가 긍정적인 자아상을 형성하도록 돕기 위해 부모[특히 엄마]는 아동의 요구에 규칙적으로 반응하는 것이 필요하고, 영아의 정서를 안정시켜 주기 위한 충분한 신체 접촉을 해 주어야 한다. 영아와의 신체 접촉은 자신이 타인에게 거부당하지 않고 수용되고 있다는 느낌을 주므로 자신에 대한 높은 자아 존중감 및 긍정적인 자아개념을 형성해 준다. 아울러 충분한 신체 접촉은 긍정적인 자아개념 발달에만 유용한 것이 아니라, 영아에게 타인에 대한 긍정적인 이미지를 형성하도록 도와주기도 한다. 타인은 내가 원할 때 언제나 도움을 주므로 그는 믿을 만한 존재라는 신뢰감을 형성하도록 만드는 것이다.

또한 부모와의 충분한 신체 접촉은 자녀의 건강하고 안정적인 감성 형성에 매우 중요한 요소이다. 이는 아동의 신체뿐 아니라 두뇌 발달과 매우 밀접한 관계가 있다. 그러므로 영아기 때의 충분한 사랑과 신체 접촉은 아동의 건강한 감성, 신체, 두뇌 발달에 필수 조건이다. 한때는 서구 부모들이 자녀에게 독립심과 규칙적인 습관을 가르친다는 이유로 아이의 방에 따로 아이를 재우고 일정한 시간에만 아이의 울음에 반응했다. 그러나 그런 양육법이 자녀의 감성 및 정신 건강에 매우 부정적인 영향을 미친다는 것을 알고, 최근에는 미국의 많은 부모들도 아이와 방에서 함께 자면서 아이와 많은 접촉을 시도하고 있다.

자녀의 긍정적인 자아개념 형성 및 건강한 감성, 두뇌, 신체 발달에 가장 중요한 시기가 영아기임에도 불구하고 부모가 직장생활을 하는 까닭에 많은 영아들이 할머니 혹은 아이를 봐 주는 사람의 손에서 양육되고 있다. 갓난아기는 아무것도 모르니까 시간에 맞추어 우유를 먹이고 잠만 잘 재우면 된다고 생각하는 부모들이 아직도 많이 있다. 필자가 캘리포니아 이민 교회에서 교육 전도사 생활을 할 때 알게 된 일이다. 미국 이민 가정의 아이들 중 예상 외로 많은 아이들이 부모와 떨어져 한국에 있는 할머니에게 돌봄을 받고 학교 갈 나이가 되어서야 미국에 돌아온다고 한다.

태어나자마자 한국으로 보내졌던 4학년짜리 여학생이 있었다. 그 여학생은 보통 때는 다른 학생들과 잘 놀았고, 일상생활에서도 다른 아이들과 크게 다를 것이 없었다. 그런데 새로운 환경에 접하거나 여름 캠프 등으로 집과 부모를 떠날 때면 공포를 느껴 울고 캠프 활동에 참여하지 못했다. 대부분의 아동들은 집을 떠나 친구들과 캠프하는 것을 무척이나 좋아한다. 어렸을 때 부모와 헤어지면서 느꼈던 공포가 무의식에 남아 있어 부모와 떨어져 있는 상황이 되면 그 공포에 다시 시달리는 듯싶었다. 초등부를 떠나 중등부로 올라간 후에도 그 학생은 새로운 학교생활에 적응하지 못해 한동안 힘들어했다는 소식을 듣고 마음이 아팠던 적이 있다.

비슷한 경우의 5학년짜리 여학생도 있었다. 그 학생의 경우는 부모가 자녀에 대한 애정이 없어 보였다. 주일학교 아이들을 데리고 디즈니랜드에 간 적이 있는데, 그 학생은 부모가 점심 도시락 대신 돈을 주어서 점심을 사 먹게 했다. 다른 아이들은 모두 엄마가 준비해 준 김밥 도시락을 먹는데 말이다. 그리고 늦은 저녁 교회로 돌아왔을 때에는 다른 아이들의 부모들은 모두 미리 교회

주차장에서 자신의 자녀들을 기다리고 있는데, 그 학생의 부모는 오지 않았다. 그리고 필자가 전화를 하자 나더러 집으로 데려다 줄 수 없겠느냐고 묻는 것이었다. 그럴 수도 있었지만 필자는 그 부모에게 직접 교회로 와서 자녀를 데리고 가라고 말했다. 모두가 떠나고 주차장에서 필자와 혼자 남아 초조한 얼굴로 엄마를 기다리던 그 아이의 얼굴이 아직도 뇌리에 생생하다. 그 엄마는 아마도 자신이 자녀의 가슴에 어떤 상처를 주었는지 상상하지 못할 것이다. 그러므로 영아기에 아동의 긍정적인 자아개념 형성을 위해 가장 필요한 것은 부모 품 안에서의 안정된 사랑이다. 특히 엄마와의 가까운 신체 접촉은 아동의 안정된 감성 발달에 필수적인 요소이기도 하다.

유아기(2-3세)

영아기를 지나 걸음마를 배우면서 유아는 자율심과 독립심을 기르게 된다. 유아들은 대근육이 발달하면서 걷기 시작하고, 부모에게 분리되어 자율적인 행동을 시도한다. 독립적으로 시도한 일의 성공적인 결과와 양육자의 긍정적인 반응을 통해 유아의 자율성이 발달하게 되고, 이러한 자율성의 발달은 아이에게 자신감을 심어 주어 긍정적인 자아 발달을 돕는다. 반대로 유아가 시도하는 자율적인 행동에 대해 양육자에게 제지를 당하거나 부정적인 반응을 경험할 경우, 혹은 자신이 성공하지 못한 행동을 타인이 보게 되었을 경우, 자신의 행동에 대한 수치심과 자기 자신에 대한 의심을 품게 된다. 자신감, 수치심, 의심 등의 감정에는 자신을 평가하는 요소가 포함되어 있으므로 유아들은 자신에 대한 수치심 혹은 의심의 감정을 경험하게 되면 부정적인 자아 발달을 하게 된다.

이 시기는 성장의 특성상 아동의 독립심과 자신감을 키워 주기에 가정 적절하다. 자녀의 독립심을 키워 주기 위해 부모에게는 지혜와 인내심이 필요하다. 이 시기에 자녀의 자아개념 형성에 가장 영향을 미치는 사람은 아빠인데, 부모는 자녀가 스스로 무엇인가를 성취하도록 기회를 충분히 주고, 방법을 가르쳐 주며, 답답하더라도 기다려 주고, 격려해 주어야 한다. 물론 무엇인가 스스로 해 보려고 시도하는 과정에서 많은 실수가 있겠지만 자녀가 하려는 일을 대신 해 주지 않는 것이 매우 중요하다.

또한 이 시기에는 자녀에게 해야 할 것과 하지 말아야 할 것을 분명히 가르치는 것이 매우 중요하다. 그래서 규칙적인 일상생활 습관을 가르칠 수 있는 중요한 시기가 바로 이때이다. 잠자고 일어나는 습관, 목욕하는 습관, 먹고 난 후에 치우는 습관, 자기가 갖고 논 장난감은 제자리에 정리해 놓는 습관 등 많은 것을 가르칠 수 있다. 이 시기에는 자녀와 약속한 것을 꼭 지키는 것이 무엇보다도 중요한데, 자녀가 좋은 습관을 이행할 경우 부모는 칭찬을 아끼지 말아야 하고, 만약 규율을 어길 경우에는 약속된 벌칙을 잊지 말고 행하는 것이 일관적인 양육 방법이다. 이를 통해 부모의 말에 대한 권위가 생긴다. 최근 필자는 자기의지가 매우 강한 딸을 둔 두 엄마를 만났다. 두 엄마 모두 딸들이 너무 고집이 세고 자기 맘대로 하려고 해서 힘이 든다고 하소연했다. 의지가 강한 것은 참으로 좋은 성품이라고 하겠다. 그러나 자기 뜻대로 모든 것을 하면서 성장하는 것은 위험할 수도 있다. 힘이 들더라도 통제가 가능한 나이에 자녀에게 선택권을 주고 선택한 범위 내에서 행동을 허용하는 습관을 키우는 것이 부모와 자녀 모두에게 유익하다.

또한 유아기 시기에는 자녀의 선천적인 재능을 발견할 수 있다. 아직 친구들과 어울려 상호작용을 하면서 놀지는 못하지만 혼자서 무엇인가를 하면서 놀이를 배우기 시작한다. 유아기의 아동은 지적으로 빠르게 성장하는데 청각으로만 배우는 것이 아니라 오감각[시각, 청각, 미각, 후각, 촉각]을 통해 배운다. 그러므로 놀이는 아주 중요한 유아기 아동들의 지적 성장 도구이다. 놀이를 통해 많은 것을 배우며 지적으로 발달하기 때문에 아빠의 역할이 매우 중요하다. 자녀가 신체적으로 놀기를 원할 때 아빠는 자녀와 함께 놀아 주어야 하고, 여러 놀이 기구를 준비하여 자녀가 다양하게 놀 수 있도록 하는 것이 필요하다. 그리고 자녀가 장시간 지루해하지 않는 놀이가 무엇인지를 관찰함으로써 자녀의 재능을 발견할 수 있다.

여기서 한 가지 질문이 생긴다. 영아기 때 부정적인 경험으로 배운 불신의 감정이 유아기 때 긍정적인 경험을 하면 긍정적으로 회복될 수 있는가에 관한 것이다.

아동의 발달 과정에서 그 시기에 경험하게 되는 갈등 위기를 긍정적으로 해결하지 못했다고 하더라도, 아동은 성장함에 따라 다음 단계의 발달 시기에 도달하게 되며, 다음 단계의 욕구 충족을 위해 양육자와 상호관계를 맺는다. 영아가 첫 단계의 양육자와의 관계에서 불신을 형성하고 부정적인 자아 발달을 경험하게 되었다고 해도, 그 영아는 부정적인 갈등을 긍정적으로 해결하지 못한 채 다음 단계의 성장 과정을 맞이하게 되고, 그다음 단계에서도 또 다른 요구를 충족하기 위해 또다시 양육자와 상호관계를 맺는다. 그런데 만약 유아기 성장 단계에서 영아기와는 다르게 양육자와 긍정적인 상호관계를 경험했다면, 유아는 자율성이라는 긍정적인 자아 발달을 형성할 수 있을 것이다. 하지만 에릭슨에 따르면, 유아기의 긍정적인 경험이 영아기의 부정적인 경험 즉 불신 형성을 지울 수는 없다고 한다. 그러므로 부모들은 자녀의 각 성장 단계에 따른 특성을 인식하여 자녀가 긍정적인 자아개념을 형성할 수 있도록 세심한 관심을 갖고 인내로 자녀를 양육해야 한다. 유아기 때 아동에게 필요한 것은 아동이 스스로 무엇인가를 경험하고 성취할 수 있는 안전한 환경과 자녀가 스스로 해낼 수 있도록 기다려 주는 부모의 인내와 격려이다.

유년기(4-5세)

유아기를 지나면서 아동은 두뇌가 급격히 발달하는 유년기를 맞이한다. 신체의 자율성과 두뇌의 발달로 유년기의 아동들은 상상력이 발달하고 주위의 환경에 호기심을 갖게 된다. 유년기 아동들은 이 시기에 양육자와 어떤 관계를 경험하는가에 따라 자신에 대해 주동성 · 창의력 혹은 죄책감을 형성한다. 유년기 시기는 아동이 지적으로 급성장하는 때이다. 배울 수 있는 능력이 급속하게 발달하면서 주위 환경에 대한 호기심이 생긴다. 그래서 부모가 대답해 주기 힘든 엉뚱한 질문을 많이 하기도 한다. 아동의 이러한 탐색 활동에 대한 양육자의 지혜롭고 긍정적인 반응은 아이의 선도성 혹은 창의력을 발달시킨다.

반면 이러한 아동들의 호기심에 대해 양육자에게 부정적인 반응을 얻은 아이들은 자신의 행동에 대한 죄책감을 형성하고, 또한 호기심이 유발될 때마다 죄책감을 경험한다. 이러한 아동들은 스스로 외부 환경에 대한 탐색을 시도하지 않고 양육자의 권위에 의존한다. 그러므로 양육자들이 아동들을 과잉보호하거나 아동들의 감정이나 행동에 대해 비인격적인 행동을 하는 것은 유년기 아동의 자아 발달에 부정적인 영향을 미친다. 에릭슨에 따르면, 유아기 때 자율성을 획득하지 못한 아동들은 유년기 때에 자율적으로 외부의 환경을 탐색하는 능력이 떨어진다고 한다. 자신에 대한 자신감 없이는 자율적인 어떠한 행동을 시도할 수 없다.

필자도 이 시기에 정말로 호기심이 많았던 것을 기억한다. "전구의 불은 누가 주는 것이냐?", "라디오를 들으면서 어떻게 이렇게 작은 상자에 사람이 들어갈 수 있느냐?", "시계는 어떻게 움직이는 것이냐?", "쌀 한 톨을 만드는 데 시간이 얼마나 걸리느냐?" 등 참으로 궁금한 점이 많았다. 아동들이 이렇게 많은 질문을 할 때, 부모는 "몰라." 혹은 "나중에 알게 돼." 혹은 아이들이 이해하지 못하는 말로 자세히 설명하려고 하기보다는 "너는 어떻게 생각하니?"라고 아이들이 자신의 생각을 펼치고 상상력을 키우도록 장려하는 것이 효과적이다.

또한 유년기의 아동들은 호기심과 함께 상상력이 풍부해지고 창의력이 발달한다. 아동들의 호기심과 상상력을 잘 키워 주면 창의력 있는 자녀로 성장하는데, 창의력은 특히 글로벌 시대가 요구하는 능력이다. 사실, 한국의 교육 방법이 아직도 주입식이기 때문에 서구 아동들과 비교하면 창의력이 많이 떨어지는데, 이 시기가 아동의 창의력을 키워 줄 수 있는 적절한 때임을 생각해서 자녀 교육에 신경을 써야 한다. 특별히 유년기 아동들은 '이야기' story를 좋아한다. 책을 읽어 주고 이야기를 많이 해 주는 것으로 상상력을 충분히 키워 줄 수 있다. 아동들은 이야기를 들으면서 종종 이야기 속의 인물을 흉내 내며 자신의 상상력을 펼치는데, 그로 인해 좀 엉뚱한 행동과 말을 할 때가 있다. 이때 자녀에게 무안을 주거나 기분을 상하게 하지 말고 그 마음을 격려해 주는 것이 필요하다. 이 시기에 자녀의 긍정적인 자아개념 발달에 영향을 미치는 사람들은 가족(부모와 형제)이다. 또한 이 시기는 자녀의 창의력, 독립심, 책임감을 키워 주기에 참으로 적절한 때이다.

유년기 아동에게 가장 필요한 것은 자율적으로 지식을 습득하거나 문제를 해결할 수 있는 기회를 갖는 것이다. 아동들은 만지고, 부수고, 망가트리면서 사물에 대해 스스로 지식을 터득하게 된다. 필자의 오빠가 그러했다고 한다. 무엇이든지 새로운 것을 보면 오빠는 열어 보거나 뜯어 봐서 그 속의 것을 봐야만 했다. 뜯거나 열어 보고 제대로 맞추어 놓은 것도 있지만 그렇지 못한 것도 많아 물건을 써 보지도 못하고 망가트리는 경우가 종종 있었다. 나중에는 그 호기심이 오빠를 유능한 공학도로 만들었다. 유년기 아동들에게 호기심과 상상력을 마음껏 펼칠 수 있는 기회는 정해진 시간표에서 다양한 학원생활을 하는 것보다 비교할 수 없이 유익한 경험이 되며 스스로 무엇인가를 알아 낼 수 있는 힘은 아이들에게 자신에 대한 목적의식을 심어 주는 계기가 된다.

초등학생 시기(6-11세)

유년기를 지나 초등학생 시기를 맞이하면 아동들은 학교에서의 교육 경험을 통해 자신의 지적인 능력을 경험하고, 그를 통해 근면성 혹은 열등감의 자아의식을 소유한다. 초등학생 시기는 아동이 집과 부모의 보호에서 벗어나 학교의 선생님과 친구라는 새로운 환경에 접하는 매우 중요한 때이다. 새로운 지식 및 기술을 습득하는 배움의 시기인 것이다. 지식과 기술을 습득해 가는 과정에서 아동들은 양육자나 교사에게 습득한 결과에 따라 칭찬을 받거나 비난 혹은 수치를 경험한다. 부모 혹은 교사에게 칭찬이나 격려를 받는 아동은 자신의 습득 활동에 대한 동기부여를 얻게 되고 더욱 열심히 습득 활동을 하게 된다. 아동의 근면성 발달이란 새로운 것을 습득하려 하는 의미 있는 행동을 수행하는 것을 말한다. 이러한 아동의 근면성은 자신에 대한 가치를 높이는 역할을 한다. 반면 일부 아동들은 습득 활동에 실패함으로써 자신에 대해 열등감을 경험하게 된다. 이 시기에 경험하게 되는 열등감은 자녀가 사춘기로 들어서면서 낮은 자존감으로 변화되어 매우 힘든 시기를 겪게 할 수 있으며, 평생을 좌우하는 잘못된 선택을 하는 동기가 되기도 한다.

이 시기의 아동들에게 양육자로서의 중요한 역할은 자녀가 어떤 배움의 활동을 통해 흥미를 얻고 발달할 수 있으며 또 성공할 수 있는지, 자녀의 선천적인 재능 혹은 적성을 발견하여 그에 대한 높은 차원의 습득 기회를 마련해 주는 것이다. 부모는 그로 인해 자녀가 근면성을 발달시킬 수 있도록 도와주어야 한다. 모든 부모는 자신의 자녀들이 창조주이신 하나님께 각각 다른 능력과 재능을 부여받고 이 세상에 태어났다는 것을 먼저 인식해야 한다. 그리고 부모로서의 참된 역할은 자녀가 타고난 능력과 재능을 인식하고 발달시켜서 그것을 통해 하나님께 영광드리는 삶을 살도록 도와주는 것이다. 사람들은 자신을 남과 비교하면 매우 자존심 상해한다. 물론 어린아이들도 마찬가지이다. 자녀가 가장 상처받고 싫어하는 것은 그의 부모가 자신을 다른 친구들과 비교하는 것이다. 자녀가 자신의 모습 그대로를 사랑하고 또 행복해할 수 있도록 해 줄 수 있는 사람은 오직 부모뿐이라는 것을 잊지 말아야 한다.

필자가 필리핀에서 교수생활을 할 때 신학교에는 부속 유치원과 초등학교가 있었다. 그 부속학교는 영어로 아동들을 교육하는 사립 국제학교였기 때문에 그곳에 다니는 필리핀 학생들의 가정은 비교적 부유했고, 또 학업 실력도 공립학교 학생들에 비해 매우 수준이 높은 편이었다. 그런데 그 학교에 경제적으로 힘든 편부모 밑에서 자란 한 남학생이 입학했다. 그 학생은 학교 공부를 잘 따라가지 못해서 동료 친구들에게 왕따를 당하고 웃음거리가 되었다. 아마도 그 학생은 학교를 정말 다니기 싫었을 것이다.

어느 날, 그 학교에 음악 선생님이 오셔서 음악 수업이 새로 생겼는데 그 수업이 그 학생의 인생을 바꾸어 놓았다. 음악을 배우지 못했던 다른 학생들은 음악 수업을 매우 어려워했다. 악보를 읽고 음표를 보는 것이 매우 생소했던 것이다. 그런데 뜻밖에도 다른 과목에서 모두 낙제를 받았던 그 학생이 음악에서는 천재적인 소질을 보였다. 아무도 이해하지 못하는 음표를 인식하고 악보를 읽어 내려갔던 것이다. 그 학생은 음악 선생님에게 사랑을 독차지하게 되었고, 또 친구가 생기기 시작했다. 그러면서 스스로에게 자신감이 생기고 학교 다니는 것에 취미가 붙었다. 공부가 재미있어진 것이다. 음악 수업을 통해 그 학생은 재능을 발견하게 되었고, 새로운 인생이 시작되었다.

이 시기의 아동들에게 필요한 것은 배움에 흥미를 느끼도록 도와주는 것이다. 그러기 위해서는 자녀의 재능을 발견하고 그를 개발하도록 이끌어 주며 이를 통해 자신도 무엇인가를 성취할 수 있다고 하는 자신감을 심어 주어야 한다. 이것이 자녀에게 긍정적인 자아개념을 형성하게 만드는 방법이다.

청소년기(12-18세)

초등학생 시기를 지나면 맞이하는 것이 청소년 시기이다. 청소년기는 인지 능력이 발달하고 어른으로 성장해 가는 과정에서 "나는 누구인가?", "나는 무엇을 할 수 있는가?" 등의 질문을 스스로 하면서, 자신에 대한 정체성을 확립하는 시기이다. 성장하는 동안 경험했던 양육자 및 타인과의 관계에서 발견되고 형성된 주관적·객관적인 자아개념이 이 시기에 종합화되어 통합적인 자아정체성의 확립을 시도하게 된다. 이전의 발달 과정에서 긍정적인 관계 경험을 통해 갈등 위기를 성공적으로 해결한 아동들은 십대 청소년기가 되면서 자신에 대한 긍정적이고 구체적인 자아개념이 확립되는 반면, 갈등 위기를 성공적으로 해결하지 못한 아동들은 십대 청소년기에 이르러서도 자신의 정체성에 대한 혼란을 경험한다. 자신의 정체성에 혼란을 겪는 청소년들, 즉 자신이 무엇을 원하는지 혹은 무엇을 할 수 있는지에 대한 분명한 답이 없는 자녀들, 특히 부모가 원하는 자신의 모습[객관적인 자아개념]과 자신이 평가하는 자신의 모습[주관적인 자아개념]에 차이가 생겨 고민할 경우, 대부분의 청소년들은 자신의 정체성을 찾기 위해 갱, 마약, 담배, 알코올, 섹스, 가출 등 다양한 경험을 시도한다. 특히 이 시기에 자존감이 낮은 청소년들이 비행 단체에 가담하거나 비행을 저지르는 일이 많은데, 가장 중요한 이유 중의 하나는 비행을 저지를수록 그 주위의 동료 청소년에게 관심을 받고 그들에게 중요한 존재로 우상화되기 때문이다. 부모에게는 자신이 정말 한심하고 아무것도 아닌 존재로 취급받는데, 동료에게는 인정받으니 목숨을 걸고서라도 그 이미지를 지키기 위해 비행을 저지르는 것이다. 또한 이때에 정체성 혼란 및 부정적인 자아개념 그리고 낮은 자존감으로 힘들어하는 청소년들은 우울증을 겪게 되고, 마지막에는 자살을 시도하는 경우도 있다.

최근 한국에서 출판된 청소년에 대한 책 중에 청소년들을 이해할 수 없는 '외계인'으로 묘사한 경우를 본 적이 있다. 청소년들이 방황하는 모습을 '외계인'으로 묘사한 것에 대해 마음이 좋지 않았다. 어른들이 청소년들의 고민거리를 조금이라도 이해한다면, 그들을 이상한 존재로 표현하지 않았으리라. 그 대신 안타깝고 가여운 눈으로 그들을 보게 되었을 것이다. 통계에 따르면, 청소년들 중 80퍼센트 이상이 자신의 미래가 불확실하다고 생각한다. 그것도 당연한 것이, 그들이 미디어를 통해 매일 듣는 소식이 불확실하며 부정적이다. 살날이 얼마 남지 않은 어른들이 들어도 숨이 막힐 듯한데 청소년들은 오죽하겠는가? 그런데 청소년들은 그들의 부모가 그들을 위해 무조건적으로 희생하고 있다는 것과 동시에 자신에게 많은 기대를 갖고 있다는 것을 안다. 이러한 부모의 기대가 청소년들에게는 또 다른 숨 막힘이다. 그들이 자신의 모습을 되돌아보면 불확실한 미래를 헤쳐 나갈 자신도 없고, 또 부모의 기대를 만족시킬 자신도 없다. 이러한 상황에서 청소년들에게 선택의 여지는 그다지 많지 않다. 이 시기의 자녀에게 가장 필요한 것은 부모가 자녀의 좋은 점과 나쁜 점 모두를 있는 그대로 사랑으로 인정하고 받아 주는 것이다.

따라서 자녀에게 분명한 정체성과 긍정적인 자아개념을 심어 주는 것은 백만 원짜리 영어 유치원보다 더욱 중요하다. 위에서 보았듯이, 자녀의 정체성 형성에 가장 큰 영향을 미치는 사람은 부모이다. 다시 말하면, 자녀의 성공 여부는 부모에게 달려 있다고 해도 과언이 아니다. 우리 부모들은 자녀들이 스스로 자신은 괜찮은 사람이라는 생각을 하고 어려운 세상을 잘 헤쳐 나갈 수 있는 사람이라는 자신감을 갖도록 도와주어야 한다. 그렇다고 자녀를 자녀 중심의 교만한 사람으로 키우라는 말은 절대 아니다. 그것은 글로벌 시대에서 환영받지 못하는 인격이다. 글로벌 시대에 환영받는 타인 중심의 인격을 형성하기 위해 먼저 우리는 우리 자녀들이 긍정적인 정체성을 형성하도록 도와주어야 한다. 긍정적인 정체성이란 내가 누구인지를 정확히 인식하고, 나의 모습에 만족하며, 더 나아가 타인을 이해하고 포용할 수 있는 능력을 갖는 것이다.

그런데 문제는 이렇게 자녀의 정체성 형성에 부모의 영향이 중요함에도 요즘 한국 사회에 불붙듯이 일어나고 있는 자녀 조기 유학과 기러기 가족이다. 1990년대 말 아동의 초기 유학 붐이 일어나기 전에 자녀를 발레리나로 키우겠다며 초등학생을 혼자 유학 보내고 싶어 하는 부모를 만난 적이 있었다. 한 가지만 생각하는 그 부모의 무지함에 너무나도 마음이 답답하고 착잡했다. 내가 상담사의 입장에서 완강히 반대하니까 더 이상 나와 말하지 않으려고 했다. 그 부모가 초등학생 자녀를 혼자 유학 보냈는지는 잘 모르겠지만, 그 후 몇 년이 지나서는 미국의 크고 작은 도시에 혼자 와서 공부하는 어린 학생들을 돌봐 주는 하숙집을 경영하는 재미 교포들을 많이 보았다. 최근에는 필자가 교수하고 있는 학교에서 약 30분 떨어진 곳에 위치한 스프링필드라는, 일리노이 주 수도에 위치한 어느 미국 사립 초등학교 교장이 나를 찾아온 적이 있었다. 내가 있는 곳도 마찬가지이지만 스프링필드도 한국 교포들이 많이 살고 있지 않은 작은 도시이다. 그런데 그 학교 교장 선생이 자기네 학교에 한국에서 유학 온 어린 학생들이 있는데, 나에게 한국인으로서 그 학생들을 좀 도와줄 수 없느냐고 제안해 왔다. 나도 20대 후반에 혼자 유학생으로 미국에 가서 공부를 했다. 물론 성인이 되어서 갔지만, 가족을 떠나 혼자 외국생활을 한다는 것이 참으로 힘든 일인 것임을 알기에, 감히 어린 초등학생을 혼자 유학 보낸다는 부모의 생각에 놀라지 않을 수 없었다. 그렇게 어린 나이에 부모와 가족을 떠나 생소한 곳에 적응하느라 받는 아이의 스트레스는 말로 다 표현할 수 없다.

2007년에 있었던 미국 버지니아공과대학교Virginia Tech University에 재학 중이던 한 재미 교포 청년이 일으킨 총기 난사 사건을 기억하리라고 생각한다. 그 학생이 그렇게 된 것도 이민생활에 바쁜 부모의 무관심과 학교에서 경험한 정체성 혼란이 주요한 문제였다. 이외에도 조기 유학으로 인한 수많은 부정적인 예들이 있다. 심지어는 로스앤젤레스의 한인 타운에 홍성하고 있는 밤 유흥가들이 한국에서 조기 유학 온 중고등학생들 덕분이라는 말이 있을 정도다.

기러기 가족은 한국 부모들의 교육열이 가져온 또 다른 사회 문제이다. 물론 성공적으로 꾸려 가는 기러기 가족도 있을 것이다. 하지만 수많은 가족의 분열이 부부가 떨어져 있는 데서 비롯된다고 한다. 자녀 교육을 위해 시작한 일이 자녀 교육은 물론 가정까지 잃게 되는 결과를 가져오는 경우가 허다하다고 하겠다. 앞 장에서 언급했듯이, 부모들은 자녀를 위해 열심을 내는 목표와 방법을 재정비할 필요가 있다.

자녀의 긍정적인 정체성과 개념 발달을 위한 양육법

부모들은 자녀가 긍정적인 정체성을 형성하도록 어떻게 도와야 하는가? 위에서도 언급했듯이, 한 개인의 정체성은 관계 가운데서 형성되는데, 자녀는 태어난 그 순간부터 부모와 관계를 맺게 되고 그 관계를 통해 자신의 자아개념과 자존감을 배우게 된다. 부모가 자녀를 대하는 얼굴 표정, 손길, 행동 그리고 말 한마디가 자녀의 자아개념과 자존감 형성에 영향을 미친다. 부모가 자녀를 존귀하게 대하면 자녀는 자신을 존귀한 존재로 인식하며 성장한다. 그런데 여기서 우리 부모들이 구별해야 할 것이 있다. 많은 부모들은 자녀가 원하는 대로 해 주는 것이 자녀의 긍정적인 자아개념을 심어 주는 것이라고 오해한다. 하지만 그것은 아주 잘못된 생각이다. 자녀의 기를 살려 주기 위해서라며 자녀 중심적으로 자녀가 원하는 것을 무조건 허용하는 부모들을 종종 목격하는데, 그런 부모는 자녀의 자존감을 살려 주는 것이 아니라 오히려 자녀를 자기중심적이고 인내심이 없으며 감정통제 능력이 부족한 사람으로 만들기 쉽다. 그래서 친구들 사이에서 왕따당하기 쉬운, 자기만 아는 고집쟁이로 성장하게 만든다. 반면 부모가 권위를 갖고 아이들의 잘못된 행동에 훈계하고 경계선을 그어 그 안에서 행동하도록 하면, 오히려 자녀에게 안정감과 소속감을 주어 긍정적이고 건강한 자아상이 형성된다. 부모가 반드시 구별해야 할 것은 자기중심적인 것과 긍정적인 자아개념은 아주 다르다는 점이다. 자기중심적인 아이를 받아 줄 사람은 부모밖에 없다. 자기중심적인 자녀는 사회성에 문제가 많아 부정적인 자아개념을 형성할 가능성이 크다.

필자가 필리핀에서 교수로 있을 때의 일이다. 필리핀 마닐라에 위치한 한 월남국수 식당에서 한 젊은 엄마가 자녀와 함께 밥을 먹고 있었다. 그 엄마는 3-4살이 되는 아들의 영어 교육을 위해 잠깐 왔는데 아들에게 이렇게 말하는 것을 들은 적이 있었다. "아무개야, 너 학교에서 선생님이 뭐 시켜도 너가 하기 싫으면 하기 싫다고 말하고 하지 마." 그 엄마가 자녀에게 왜 그런 이야기를 하는지 앞뒤 상황은 알 수 없지만, 그 엄마는 자녀에게 선생님 말을 듣지 말고 네 마음대로 하라고 가르치는 것이었다. 아마도 그 엄마는 자녀를 지극히 사랑하는 마음에서 그런 말을 했을 것이다. 그러나 사실, 그 엄마는 사랑하는 자녀를 자신이 망치고 있다는 사실을 전혀 모르고 있었다. 그 엄마는 자녀에게 선생님 즉 권위자의 말을 듣지 않아도 된다고 가르치고 있는데아니면, 선생님이 더 이상 한국 사회에서 권위자로 대우받지 못하고 있는지도 모르겠다. 하지만 그렇다면 누가 우리 아이들의 삶 속에서 권위자로 인정 받을 것이며, 어느 아이가 그 말에 귀를 기울일 것인가?, 그럼 그 아이가 선생님 말만 듣지 않겠는가? 그런 아이들이 부모 말이라고 듣겠는가? 부모 말도, 선생님 말도 존중하지 않는 아이들이 사회에서 누구 말을 존중하고 따르겠는가? 자기 중심적이고 자기 의지대로만 행동하려는 아이를 어느 누가 좋아하겠는가?

그럼 간단히, 가장 보편적으로 이해되는 네 가지 유형의 자녀 양육 스타일과 그것이 자녀의 자아개념 형성에 미치는 영향에 대해 살펴보겠다. 다이아나 바움린드Diana Baummrind라는 미국의 아동 임상심리학자가 부모의 애정support과 통제control를 바탕으로 네 가지 유형의 양육 스타일 이론을 발표한 적이 있다. 비교적 오래전인 1960년대에 발표했으나, 현재까지도 가장 많이 적용되고 있는 이론이다. 다이아나 바움린드는 부모의 유형을 애정과 통제를 동시에 행하는 권위 있는 부모, 애정은 없고 통제만을 강요하는 권위적인 부모, 통제는 없이 애정만을 행하는 허용적인 부모 그리고 애정도 통제도 행하지 않는 무관심한 부모로 나누었다.

권위 있는 부모 양육형

가장 이상적인 유형으로, 부모는 애정을 잘 표현할 줄 아는 동시에 자녀에게 할 수 있는 것과 해서는 안 되는 것을 분명히 통제한다. 권위 있는 부모는 자녀와의 대화를 통해 자녀의 감정과 생각을 잘 이해하면서도, 필요한 부분에서는 강하게 제한하고 그것에 대해 합리적으로 설명하고 이해시킨다. 또한 자녀가 그릇된 행동을 했을 경우 그에 합당한 벌칙도 가하며, 그릇된 행동을 통제한다. 성숙한 행동을 요구하는 데 있어 단호하다고 말하겠다.

권위 있는 부모에게 양육받는 자녀들은 대부분 사회적 책임감이 강하고, 감성지수가 높으며, 학업 수행에 유능하고, 매우 독립적인 것으로 조사되었으며, 자신에 대해 긍정적인 자아개념 및 높은 자존감을 소유하고 있는 것으로 밝혀졌다. 그러나 권위 있는 부모가 되기는 쉽지 않다. 자녀에게 권위를 인정받아야 하는데, 그러기 위해서는 부모의 말과 행동이 일치해야 하고 약속을 지켜야 하기 때문이다. 아이들의 눈은 어른들이 생각하는 것보다 훨씬 더 날카롭고 정직하다. 권위 있는 부모는 자녀들이 자랑스러워 하는 부모라고 하겠다.

권위적인 부모 양육형

반면, 권위적인 부모는 자녀에게 애정은 주지 않고 부모의 권위만을 강요하는 통제적인 양육 유형으로, 부모가 일방적으로 규칙을 정하고 그것을 자녀에게 절대적으로 지키기를 강요한다. 권위적인 부모 아래에서 성장한 아이들은 매사에 자신감이 없고, 두려워하며, 걱정이 많다. 또한 사회관계에서 불안해하고, 우울해하며, 스트레스에 취약하다. 목표지향성에도 약하고, 작은 일에도 화를 잘 내며, 공격적이고, 때로는 수동-공격적 성격으로 성장한다. 권위적인 부모들은 자녀들이 긍정적인 자아개념을 형성하도록 도와주는 것이 매우 어렵다.

권위적인 부모 밑에서 자란 한 남학생[A]을 교회에서 교육한 적이 있었다. 공부도 잘하고 주위에 친구도 많았다. 그런데 언제부터인지 친구들 사이에서 이상한 소문이 돌았다. A 학생이 자신의 실력으로 공부를 잘하는 것이 아니라 시험을 치를 때 커닝cheating을 한다는 것이다. 그 후로, 친구들은 학생 A를 멀리하게 되었고, 결국 학생 A와 가족은 타주로 이사를 가야만 했다. 부모의 지나친 요구와 기대가 그 자녀를 피신자로 만든 것이다. 지금도 얼마나 많은 자녀가 부모의 지나친 요구와 기대에 스트레스를 받으며 자신의 무능함에 한탄하거나 자살을 생각하고 있는지 모른다.

허용적인 부모 양육형

허용적인 부모는 자녀를 통제하지 않고 애정과 허용으로 양육한다. 부모가 단호한 제한을 하지 못하고 자녀가 원하는 것은 대부분 수용한다. 자녀에 대한 무조건적인 사랑과 허용에서 생기는 자녀 중심 양육 방법이다.

허용적인 부모 밑에서 성장한 아이들은 자신의 욕구를 통제하는 것을 배우지 못해 대부분 충동적이고, 낯선 환경에 적응하는 것을 어려워하며, 사회적 책임감도 매우 낮다. 또한 자기 중심적이기 쉽다. 그럼으로써 관계 형성 및 사회생활이 어려워지고, 왕따를 당하거나 고립되는 경우가 많다. 특별히 자신의 욕구 통제 및 절제력을 배우지 못해 성인이 되어서도 사회생활을 원만하게 하지 못하는 결과를 가져온다.

필자는 두 아들을 키운, 너무나도 마음이 약하고 착한 부부를 알고 있다. 그 어느 누구에게도 친절하고 배려심이 있는 부부이다. 두 자녀도 사랑으로 키웠다. 자녀들이 좋아하는 음식만을 해서 먹였고, 자녀들이 원하는 것은 무엇이든 최선을 다해 해 주려고 했다. 자녀들이 똑똑해서 모두 미국의 명문 대학을 나왔다. 그런데 그들이 자녀들에게 해 주지 못한 것이 있었는데 인내심, 통제력, 절제력 그리고 배려심을 가르치지 못한 것이었다. 어려서부터 무엇이든 자녀 중심으로 키웠기 때문에 그들은 세상이 자기 중심으로 돌아가는 줄 착각하고 있었다. 성인이 되어 사회생활을 하면서도 자기 중심적이고 어려움을 헤쳐 나갈 절제력이 없어서 그 우수한 두뇌와 능력으로도 아직 직장을 구하지 못하고 부모의 도움을 받으며 살고 있다. 많은 부모들이 자녀들을 허용적으로 양육하는 이유 중의 하나가 자녀에게 자신감과 높은 자존감을 형성하도록 도와주기 위함인데, 이것이 오히려 자녀에게 부정적인 영향을 미치는 것으로 조사되었다.

무관심한 부모 양육형

무관심한 부모들은 애정도 통제도 없이 자녀를 그대로 방치한다. 매우 바쁜 부모이거나 부부관계에 문제가 있거나 혹은 정서적·감정적인 문제우울증를 갖고 있는 부모에게서 볼 수 있는 유형이다. 필자가 가르치는 미국인 학생들 중에는 그들이 어릴 때 부모가 이혼하고 각자 재혼하면서 배다른 형제 및 자매들과 함께 자란 학생이 많다. 이러한 가정환경에서 성장한 아이들은 자신과 부모에 대해 혼란과 적개심을 갖으며, 또한 세상에 대한 불신이 강하고, 반사회적이며, 비행 경향도 높고, 사회인지적 수행능력도 떨어진다. 물론 이러한 환경에서 긍정적인 자아개념을 형성하기란 매우 어렵다고 하겠다.

부부관계가 자녀의 긍정적 자아개념 형성에 미치는 영향

앞장의 태아 교육에서는 부부관계가 태아에 미치는 중요성에 대해 언급했다. 남편에게서 사랑을 받고 있는 아내는 뇌에서 뉴로펩타이드라는 호르몬이 생성되는데, 그 호르몬을 받고 성장한 태아는 감정 발달에 좋은 영향을 받아서 긍정적 자아개념 및 정체성 형성에 많은 도움을 준다는 것이다. 이는 물론 태아 교육에서만 적용되는 것은 아니다. 다음 5장에서 더욱 자세히 설명하겠지만 하나님개념, 부모개념 그리고 자아개념, 자녀들의 긍정적인 자아개념과 안정된 감성 발달에 가장 큰 영향을 미치는 사람이 부모인 것은 두말할 것 없다. 그런데 부모가 자녀를 어떻게 양육하고 자녀와 어떤 관계를 맺는 지만큼 중요한 것이 자녀의 눈에 비친 부모 즉, 부부관계이다. 다시 말하면, 부부가 서로 사랑하고 존경하는 가정환경에서 양육된 자녀들은 일반적으로 긍정적인 자아개념, 높은 자존감 그리고 안정적인 감성 발달을 보인다. 몇몇 학자들의 연구에 따르면, 자녀들이 자신을 어떻게 인식하는가 하는 것보다 자신의 부모와 가족을 어떻게 인식하는가가 그 자녀들의 건강한 자존감 형성에 더욱 큰 영향을 미친다고 한다.

좋은 예로 필자와 아주 가까운 목사 가정을 소개하고자 한다. 미국 시카고 교외의 교회에서 목회를 하는 이 부부는 2살 된 딸과 9살 된 아들이 있다. 그 사모가 한번은 아들 크리스찬이 2학년 작문 시간에 적은 글을 내게 소개하며 자랑한 적이 있다. "이 세상에서 가장 방문하고 싶은 곳"My favorite place in the world to go이라는 제목으로 짧은 에세이를 쓴 것이었다. 그 사모는 크리스찬이 분명 디즈니랜드나 레고랜드를 적었을 것이라고 생각했다. 왜냐하면 2년 전 캘리포니아의 그곳을 방문했을 때 크리스찬이 정말 좋아했고 꼭 다시 와 보고 싶다고 했기 때문이다. 그런데 의외로 크리스찬은 '집'Home이 자기가 가장 가고 싶은 곳이라고 적었다. 크리스찬은 학교를 마치고 집에 가서 자기 방에 앉아 책을 읽으면 쉼이 되고 부모님과 함께 놀거나 TV를 보면 매우 즐겁다고 했다. 항상 평화롭고 사랑이 넘치는 '집'이 자기는 그 어느 곳보다도 가고 싶은 곳이라고 적은 아들의 글을 읽고 그 사모는 자기는 결혼생활과 자녀양육에 성공한 것 같다면서 무척 행복해했다. 이 부부는 아이들 앞에서 애정 표현도 잘하고 가끔씩 베이비 시트에게 아이들을 맡기고 데이트도 한다. 더 자주 하고 싶지만 아이들을 맡기는 비용이 비싸서 자주는 못 나간다고 했다. 필자가 관찰하고 아는 크리스찬은 9살짜리, 아직도 장난감을 좋아하고, 친구들과 놀기를 좋아하며, 2살짜리 여동생과도 잘 놀아 주는 평범한 소년인 반면, 교회에 가기를 좋아하고 또 부모의 말을 존중하며 학교에서도 우수한 학생으로 손꼽히는 마음 따뜻한 소년이기도 하다. 엄마와 아빠가 서로 사랑하고 존중하는 모습을 보며 자란 자녀들은 부모를 사랑하고 존중하는 것을 배우고 그로 인해 높은 자존감을 형성한다.

미국에는 '엄마의 날'Mother's day과 '아빠의 날'Father's day이 각각 있는데 아빠의 날에 라디오에서 들은 감동적인 이야기 하나를 소개하고자 한다. 한 20대 초반의 아들이 아빠의 날에 엄마와 아빠를 모시고 좋은 식당에서 저녁도 함께 먹고 준비한 선물도 드렸다. 정성스럽게 고른 선물도 받고 식사도 잘 대접받아 마음이 흐뭇해진 아빠는 아들에게 이렇게 물었다. "얘야! 내가 어떻게 하면 너에게 더 좋은 아빠가 될 수 있겠니?" 아들은 눈에 눈물을 글썽이며 이렇게 대답했다고 한다. "엄마를 더 많이 사랑해 주세요, 아빠." 그리고 아빠에게 고백하기를, 어릴 때 자라면서 아빠와 엄마가 사랑하지 않는 것 같아 늘 마음이 불안했다고 말했다. 나는 이 아들의 대답을 들으면서 다시 한 번 부부관계가 아이의 정서발달에 얼마나 큰 영향을 미치는지를 생각하게 되었다.

필자는 크리스찬 가족뿐만이 아니라 부부관계가 매우 좋은 몇몇 가정을 알고 있다. 되돌아보면, 그들의 자녀들이 모두 참 괜찮은 자녀들로 성장해 준 것을 알고 있다. '내 개인의 인생'을 '내 가족의 인생'보다 더욱 중요하게 생각하고 50퍼센트가 넘는 이혼율을 보여 주는 오늘날의 전반적인 사회가치관을 볼 때, 우리는 이러한 연구결과를 다시 한 번 깊이 생각해야 한다. 한국 부모만큼 자식의 성공을 위해 온갖 정성을 쏟으며 엄청난 재정을 교육비에 투자하는 부모도 그다지 흔치 않다. 그러나 아무리 자녀를 위해 많이 희생하고 재정적으로 투자한다 해도 자녀 교육에 가장 기본이고 중요한 부분인 부부관계를 돌아보지 않는다면, 많은 부모들은 큰 실수를 하고 있는 것이다. 나는 자녀를 가진 모든 부부에게 외치고 싶다. 성공적인 자녀를 키우고 싶다면 성공적인 부부관계를 가져라.

인간은 사회적 동물로 창조되었다. 따라서 사회에서 사람들과 어울려 살 수 있는 능력은 인간이 인간답게 살기 위한 필수 조건이다. 그러나 현대 문화와 성공에 대한 잘못된 이해로 많은 부모들이 자녀를 교육할 때 친구들과 사회와 어울려서 살기를 가르치기보다는 친구들을 경쟁자로 생각하도록 만들고, 자녀들을 세상과 친구들에게서 고립시키고 있다. 하지만 공부를 잘하고 우수한 인재라도 타인과의 관계를 잘 맺지 못하면 사회생활에서 성공하기란 매우 어렵다. 인생의 성공은 혼자 이룰 수 없다는 것을 자녀를 양육하는 부모들은 모두 알아야 한다. 다수의 연구가 증명했듯이, 사람의 성공은 사회에서 또 사람들과의 관계에서 이루어지는 것이기에, 글로벌 시대를 살아가는 우리 자녀들에게 원만한 관계를 유지할 수 있는 사회성을 길러 주는 것은 필수적이다.

원만한 관계와 사회성을 자녀에게 키워 주기 위해 먼저 교육해야 하는 것은 자녀가 긍정적인 정체성 및 자아개념과 건강한 자존감을 형성하도록 돕는 것이다. 건강하고 긍정적인 자아개념 즉 자존감이 형성되지 않고는 건강한 관계 형성과 사회생활을 절대로 할 수 없기 때문이다. 왜냐하면 모든 관계의 문제는 부정적인 자아개념과 낮은 자존감에서 생기기 때문이다. 성경에서도 “네 이웃을 네 자신 같이 사랑하라.”[마 22:39; 막 12:31] 고 가르치는데, 이 말은 자신을 사랑하지 못하는 사람은 이웃을 사랑할 수 없다는 것을 의미한다. 이러한 사회적 이치와 진리를 깨달은 사람만이 진정한 의미의 성공적인 인생을 살 수 있다.

5장

신앙과 정체성 발달

‘록펠러’는 미국의 석유왕, 재벌, 자선사업가, 하나님께 십일조를 바친 사람으로 유명하다. 그러나 이러한 호칭은 그가 50살이 넘어 자신의 삶을 하나님께 바친 후에야 비로소 얻은 것들이다. 50살이 되기 전에 그는 아주 악독한 사업가로 유명했다고 한다. 경쟁사를 죽이면서까지 독점을 강행하고, 돈을 버는 일이라면 무엇이라도 마다하지 않는 그야말로 피도 눈물도 없는 사람이었다. 그러나 50대 초반에 그는 불행하게도 불치병을 선고받게 되고, 낙망하고 슬퍼하고 있던 그의 귓전에 어렸을 때 들었던 어머니의 기도 소리가 들렸다. 그는 그 자리에서 무릎을 꿇고 하나님께 회개와 약속의 기도를 드렸는데 그 후 그의 병은 기적처럼 치료되었고, 이후 40여 년이라는 긴 세월을 이웃과 나누며 살라는 하나님의 말씀에 순종하며 살았다.

글로벌 사회가 요구하는 인재는 타인 중심적인 사고와 행동을 할 수 있는 사람이라고 앞 장에서 말했다. 타인 중심적인 행위는 자신에 대한 분명한 자아정체성 및 긍정적인 자아개념을 소유한 사람에게서 나올 수 있는 능력이라는 것도 언급했다. 그리고 성경에서는 진정한 자아정체성은 먼저 창조주이신 하나님과 예수님과의 관계 안에서만 찾을 수 있다고 가르친다. 다시 말하면, 인간의 정체성은 하나님과의 관계 안에서만 정확히 이해될 수 있는 것이다. 신학자 해리스[Harris, 1971]는 인간의 정체성은 하나님을 떠나서는 올바로 이해될 수 없다고 주장한다. 또한 성경은 창세기를 통해 하나님의 창조활동 가운데 인간은 누구이고, 근원은 어디이며, 왜 창조되었는지, 인간의 의무와 목적은 무엇인지에 대해 설명한다고 주장한다.

사도 바울은 성경에서 가르치고 있는 좋은 본보기이다. 사도 바울은 주님의 제자로서 자신의 정체성을 예수님이 진실로 누구인가[예수님의 정체성]를 알고 난 후에야 깨달았다.[행 9:1-6] 예수님의 참 정체성을 알고 난 그 순간부터 사도 바울의 삶은 근본적으로 변화했으며, 그의 나머지 인생은 그의 정체성 즉 하나님의 종으로서의 삶의 목적을 성취하기 위해 살았다. 독일의 신학자 본회퍼[Bonhoeffer]는 다음과 같이 말했다. "'우리가 누구인가?'라는 질문에 대한 답은 먼저 '하나님은 누구이신가?'를 알고 난 후에만 할 수 있다. 즉 인간은 자기의 정체성을 예수님이 누구인지 진실로 이해했을 때만 알 수 있다."

신학자 니버[Niebuhr, 1964] 또한 인간의 정체성은 기독교 개념의 기초 위에서만 진실하게 이해될 수 있다고 주장했다. 즉 개인의 진정한 자기 이해는 자신이 창조주에 의해 창조된 피조물이라는 사실을 깨닫고, 그에게서 사랑받고 있다는 믿음과 그 창조주에 대한 순종으로만 자신을 발견할 수 있다는 믿음 안에서 이루어질 수 있다. 또한 철학자이자 종교사상가인 키에르케고르[S. Kierkegaard]는 그의 저서에서 자아개념은 설명하거나 정의를 내려서 알게 되는 것이 아니라 우리의 삶 가운데서, 특히 관계성 가운데서 발견되는 개념이라고 했다. 그리고 무엇보다도 예수님과의 관계 속에서 발견되고 예수님의 생애를 본받는[Christ-likeness] 과정에서 자아의 완성이 이루어진다고 주장했다.[고광필 19-20]

그러므로 개인의 분명하고 긍정적인 정체성은 창조주이신 하나님과 그의 아들 예수 그리스도와의 관계를 통해서만이 형성될 수 있다. 우선 신앙인으로서 자신의 정체성을 분명히 이해하기 위해서는 먼저 하나님과 예수님이 누구인가를 먼저 깨달아야 하며, 그와의 관계 안에서만이 자신의 진정한 정체성을 발견할 수 있다는 것을 알아야 한다. 그리고 하나님과 예수님 안에서 자신의 정체성을 찾은 사람만이 자신의 삶에 대한 뚜렷한 목적을 깨달을 수 있고, 어려운 환경 가운데서도 소망을 잃지 않는 기쁨의 삶을 살 수 있으며, 나아가 이웃에게 사랑을 나주어 줄 수 있는 글로벌 시대의 월드 클래스 시민으로 살 수 있다. 그렇기 때문에, 앞장에서 말한 바와 같이, 자녀들이 긍정적인 자아정체성을 형성하도록 도와주기 위해서는 먼저 예수님 안에서 신앙생활을 하는 것이 필요하며, 자녀가 예수님의 자녀로서 거듭날 수 있도록 신앙교육을 하는 것이 부모로서 가장 먼저 자녀를 위해 해야 할 일이라고 믿는다.

그러므로 글로벌 시대를 준비하는 우리 자녀들에게 예수님을 아는 신앙 교육은 그 무엇보다도 중요하다. 본 장에서는 부모들이 왜 자녀들에게 무엇보다 먼저 기독교 신앙 교육을 해야 하는지에 대해 크게 네 가지 이유를 들어 살펴보고자 한다.

첫째, 예수님 안에서의 신앙은 분명한 정체성과 긍정적인 자아개념을 형성하게 해 준다. 둘째, 신앙은 부정적인 자아개념을 긍정적으로 변화시킬 수 있는 능력이 있다. 셋째, 성경에서 가르치는 올바른 삶이 글로벌 시대가 요구하는 삶과 다르지 않다. 넷째, 신앙은 우리 모두에게 인생의 분명한 목표와 방향을 제시하는 삶의 동기부여가 된다.

하나님개념, 부모개념 그리고 자아개념

기독교인 부모로서 예수님과 복음을 자녀에게 가르쳐야 하는 이유에 관해서는 이곳에서 다시 언급하지는 않겠다. 이 장에서 특별히 말하고 싶은 것은, 예수님을 아는 것이 자녀가 신앙인으로서 정체성을 형성하는 데도 중요하지만, 더 나아가 자녀의 긍정적인 자아개념즉 높은 자존감 형성에 꼭 필요한 요소라는 점이다. 앞 장에서 말했듯이, 자녀들의 정체성 형성에 가장 큰 영향을 미치는 사람은 부모이다. 에릭슨의 말대로 자녀들은 부모의 자녀 양육법, 부모와의 대화 그리고 부모와의 관계를 통해 자신의 자아개념을 형성하기도 하지만, 자녀가 부모에 대해 어떤 이미지 혹은 어떤 개념을 소유하고 있는지에 따라 자녀의 자아개념 형성에 영향을 미친다. 이를 대상관계 이론Object Relations Theory이라고 하는데, 자녀가 부모에 대해 긍정적인 개념을 소유하고 있으면 자신에 대해서도 긍정적인 자아개념을 소유하는 반면, 부모에 대해 부정적인 개념을 소유하고 있으면 자신에 대해서도 부정적인 자아개념을 형성하게 된다는 것이다. 그러나 불행하게도, 에릭슨의 자아개념 발달에 준하든 혹은 대상관계 이론에 준하든, 다수의 설문조사에 따르면 많은 아동이 자신에 대해 부정적인 자아개념을 소유하고 있다고 한다. 그렇다면 이러한 자녀들의 부정적인 자아개념을 어떻게 긍정적으로 변화시킬 수 있을까?

한 개인이 갖고 있는 하나님에 대한 개념은 그 개인의 정체성 및 자아개념 확립에 영향을 미치는 중요한 요소라는 것은 여러 학자에 의해 공통적으로 인정된 사실이다. 특별히, 개인의 자아개념과 하나님에 대한 개념 관계에 대해 연구한 다수의 논문에 따르면, 한 개인의 자아개념은 그 개인의 하나님개념과 밀접한 관계가 있다. 따라서 긍정적인 자아개념 형성을 위해서는 긍정적인 하나님개념 형성이 필요하다. 다시 말하면, 한 개인이 긍정적인 하나님개념, 즉 하나님은 사랑이시고, 온유하시며, 용서해 주시고, 정말 나와 가까운 분이라는 생각이 있는 사람은 대체적으로 자신에 대한 자아개념도 긍정적이고 건강하게 나타났으며 긍정적인 하나님에 대한 개념을 소유한 사람이 영적으로도 성숙한 것으로 나타났다, 반대로 하나님에 대해 부정적인 개념을 갖고 있는 사람, 즉 하나님은 심판자이시고 벌주시는 분이라는 개념을 갖고 있는 사람은 대부분 자신에 대해서도 부정적인 자아상을 갖고 있는 것으로 나타났다. 하나님에 대한 부정적인 개념을 소유한 사람은 영적으로 성숙하기가 어렵다. 따라서 한 개인의 자아개념은 그 사람이 하나님을 어떻게 생각하는지와 깊은 관련이 있다고 할 수 있다.

그렇다면 한 개인의 긍정적 혹은 부정적인 하나님개념이 어떻게 형성되는지 의문이 생긴다. 그 근원을 연구해 본 결과, 그것은 자신의 부모에게서 오는 감정이라는 것이 프로이드 이외의 다수의 사회과학자의 의견이다. 다시 말해, 자신의 부모에 대해 긍정적인 개념을 형성한 자녀들, 예를 들어 우리 부모는 믿을 수 있고, 나를 사랑하시며, 내가 혹 실수를 해도 용서해 주신다고 믿는 자녀는, 하나님에 대해서도 이러한 긍정적인 개념이 있는 반면, 자기 부모에 대해 부정적인 개념이 있는 자녀들, 즉 우리 부모의 말은 믿을 수 없고, 내가 잘못한 것에 대해 야단만 치시며, 절대 용서가 없는 분들이라고 생각하는 자녀는 하나님에 대해서도 이와 동일하게 생각하는 경향이 있다는 것이다.

필자는 24명의 아이들을 대상으로 그들의 하나님개념, 자아개념 그리고 부모에 대한 개념과 그들의 관계성에 대해 연구했다. 각 아동과 개인적으로 1시간 이상에 걸친 대화를 하고 다양한 연구 방법을 통해 그들의 생각을 끄집어내는 작업을 했는데, 신기하게도 이 세 개념이 아주 깊은 관계가 있었다.

아이들의 생각을 끄집어내는 방법으로는 하나님과 아이 자신과의 관계를 그림으로 그려 보라고 한 후에 그것에 대해 설명하도록 했다. 어떤 아이는 갖가지 색상을 다 사용해서 예쁘고 화려하게, 또 하나님과 자신이 손을 잡거나 혹은 하나님이 안아 주시거나 하는 그림을 그리는가 하면, 어떤 아이는 검정색 마커로 종이 귀퉁이에다가 자기 혼자 서 있는 모습을 그리기도 했다. 또 어떤 아이는 자기가 하나님과 가까워지고 싶어 하나님과 자신 사이에 사다리를 그려 놓고, 자신이 하나님께 다가가려고 애쓰는 모습을 그리기도 했다.

아이들은 자신의 생각을 말로 조리 있게 표현하지 못하기 때문에 여러 방법으로 자신의 생각을 드러내도록 도와주었다. 검정색 마커 하나로 자신을 종이 귀퉁이에 그린 아이에게 그 그림을 설명해 보라고 했더니, 자신은 하나님이 너무 무서워서 하나님이 보이지 않는 곳으로 숨고 싶다고 했다. 그래서 왜 하나님이 무섭냐고 물었더니 자기가 놀다가 유리창을 깼을 때 엄마한테 굉장히 혼이 났다고 말했다. 어떻게 생각하면 그것은 질문에 맞지 않는 답이었지만 그 아이는 하나님은 자신이 잘못하면 무섭게 야단을 치는 분이라는 부정적인 개념을 소유하고 있었다. 이것은 그의 부모를 통해 형성된 개념이다. 하나님은 사랑이 많은 분이시기보다는 잘못했을 때 심판을 내리시는, 무섭고 자기와는 관계가 없는 아주 먼 곳에 있는 분이라는 개념을 갖고 있었던 것이다. 이렇게 부모를 통해 하나님에 대해 부정적인 개념을 갖고 있는 아이들에게, 하나님은 사랑이시라는 신앙 교육은 전혀 이해할 수 없는 가르침일 뿐이다. 그 마음에 하나님의 사랑과 용서를 받아들이기가 매우 어렵기 때문이다.

자녀의 긍정적인 정체성 형성과 건강한 자존감 형성에 필요한 것이 부모와 자녀와의 긴밀한 관계이다. 그러나 사실 오늘날 많은 가정이 부모와 자녀 간에 긍정적인 관계가 형성될 수 있는 환경을 만들지 못하고 있다. 오히려 많은 자녀가 부모에게 상처를 받고 부정적인 자아개념과 낮은 자존감에 시달리고 있다. 물론 부모가 자녀에게 의도적으로 상처를 주는 것은 아닐 것이다. 그러나 문제는 많은 부모가 그들의 부모에게 상처를 받았고, 그로 인해 알게 모르게 그 상처를 자녀에게 대물림하는 경우가 상당히 많으며, 또 많은 부모가 어떻게 자식을 사랑해야 하는지를 모른다는 사실이다.

필자가 잘 아는 어느 가정은 부부가 각기 부모에게 아주 다른 양육을 받았다. 자녀들의 외할머니와 외할아버지는 전혀 매를 들지 않는 분들이셨던 반면, 친할머니와 친할아버지는 매로 자녀를 양육했던 분들이셨다. 부부가 결혼하고 자녀를 키우면서 싸우는 주된 이유는 아버지가 자녀를 매로 다스리려는 데 있었다고 한다. 아내는 남편이 매로 자녀를 다스릴 때마다 아이들이 잘못한 것보다 남편이 자녀를 때리는 것에서 더 스트레스를 받았다고 한다. 남편은 자신이 부모에게 받아온 양육 방법을 그대로 자녀에게 했는데, 자신이 자신의 부모에게 받은 상처를 그대로 자녀에게 주고 있다는 사실을 전혀 모르고 있었다. 남편은 자녀를 매로 다스리는 것이 자녀를 사랑하는 방법이라고 생각한 것이다. 그 자녀들은 아빠가 그의 부모에게서 받은 상처를 다시 그 아빠에게서 받고 있었다.

부정적인 자아개념을 긍정적으로 변화시키는 방법

상처받고 자신에 대해 부정적인 자아개념과 자존감을 갖고 있는 아이들의 마음을 변화시킬 수 있는 방법에는 무엇이 있을까?

이 질문에 대한 답을 얻기 위해 필자는 다시 24명의 아이들을 대상으로 인터뷰를 통한 연구를 했다. 연구 질문의 초점은 부정적인 자아개념과 낮은 자존감을 갖고 있는 아이들이 하나님에 대한 개념을 새롭게 형성하면 그들 자신에 대한 개념을 바꿀 수 있는가 하는 것이었다.

물론, 부모에게서 받은 상처는 부모에게 치유를 받는 것이 가장 효과적이다. 먼저 부모는 자신의 상처가 무엇인지를 깨닫고, 그로 인해 자녀에게 주었던 상처를 인정하며, 자녀에게 용서를 구해야 한다. 그러나 이 연구의 요지는 부모에게서 치유받지 못한 아동들도 신앙 교육을 통해 마음의 치유를 받고 자신에 대한 긍정적인 자아개념을 가질 수 있는가 하는 것이었다. 24명의 아동 중에 3-4명이 예수님을 알고 나서 자기 자신에 대한 생각이 변했다고 고백했다. 6학년 여자아이는 아무도 자기를 좋아하지 않고 세상이 자기를 증오한다고 늘 생각했었는데, 교회에서 하나님은 우리 한 명 한 명을 그분의 사랑과 계획 안에서 창조하셨다는 설교를 듣고 나니, 나에 대한 부정적인 생각을 바꿀 수 있었다고 고백했다. 또 다른 5학년 남자아이는 전에는 모든 일에 자신이 없었는데, 예수님은 모든 것이 가능하신 분이며 그가 성령으로 늘 자기와 함께하신다는 것을 배우고 난 후로는 자신에 대해 자신감이 생겼다고 고백했다. 신앙 교육을 통해 아동들의 심리에 이러한 변화가 일어나기 때문에 신앙 교육, 특히 교회 교육은 중요하다.

교회는 상처받은 모든 사람이 하나님을 만나고 그분 안에서 거듭남으로써 하나님의 자녀로서의 정체성을 회복할 수 있게 도와주는 교육 공동체가 되어야 한다. 우리 부모들을 비롯한 모든 인간은 연약한 죄인이다. 그러므로 부모들의 모습과 관계를 통해 자녀가 자신에 대해 긍정적인 자아개념을 형성하기란 쉬운 일이 아니다. 하나님의 자녀로 거듭남으로써 그들의 정체성이 분명해지고, 나아가 그들 부모의 약함마저도 용서하고 포용할 수 있는 자녀로 성장시키는 것이 신앙 교육의 중요한 초점이 되어야 한다.

그러나 문제는 교회의 신앙 교육이 모든 사람에게 하나님에 대한 긍정적인 개념을 형성하게 도와주거나 혹은 자신에 대해 긍정적인 자아개념을 심어 주는 것이 아니라는 점이다. 데이비드 헬러David Heller라는 종교사회학자는 다양한 종교를 가진 사람들의 신에 대한 개념을 비교 연구했다. 개신교, 유태교, 가톨릭 그리고 힌두교를 믿는 가정에서 양육되는 4-12살 아동들을 대상으로 그들이 믿는 신에 대한 개념을 조사했다. 특히 각 종교가 가르치는 종교의 이념과 가르침이 그들의 하나님과 신에 대한 개념 형성에 어떤 관계가 있는지를 연구했는데, 부모들이 그들 종교의 가르침을 얼마나 실천하며 생활하는지에 따라 아동들이 자신이 믿는 종교에 대해 부정적 혹은 긍정적 개념을 형성하는 것으로 조사되었다. 즉, 그가 믿는 종교의 가르침을 삶 속에서 실천하는 부모를 둔 가정에서 성장한 아동들이 대체적으로 그가 믿는 신에 대해 긍정적인 개념을 소유하고 있었고, 또한 그런 종교가 대체적으로 성장하고 있는 것으로 조사되었다. 다시 말하면, 하나님과 신에 대한 개념 형성은 사회화 현상과도 깊은 관계가 있다. 그러므로 자녀의 긍정적인 자아개념 형성 및 영적 성장을 위해서는 먼저 신앙교육을 통해 자녀에게 하나님에 대한 긍정적인 개념과 진정한 기독교인으로서의 자아의식을 심어 주는 것이 필수적이다. 더 나아가 자녀가 하나님에 대한 긍정적인 개념을 형성하기 위해서는 부모들이 삶 속에서 신앙의 가르침대로 실천하며 사는 것이 무엇보다도 중요하다. 그렇지 못할 경우 오히려 자녀들에게 그들의 신앙에 대해 부정적인 개념을 형성하도록 유도할 수 있다.

성경이 가르치는 성숙한 인격

신앙 교육이 중요한 이유는 성경에서 가르치는 성숙한 인격과 삶이 바로 글로벌 시대가 요구하는 인격과 같기 때문이다. 위에서도 언급했듯이, 글로벌 사회에서는 남을 짓누르고 자신만이 살아남는 사람보다는 자신의 성공은 물론, 이웃의 성공, 나아가 사회와 세계를 성공적으로 건설하는 데 이바지할 수 있는 사람이 필요하다. 또한 자신을 위한 이기적인 사고방식에서 벗어나 좀 더 타인 위주의 사고를 할 수 있는 사람이 환영받는다. *Never Eat Alone*혼자서 밥 먹지 말라이라는 책에서 저자는 그들의 성공 비결을 자신들에게 도움을 요청하는 경쟁자들을 항상 도와주는 것이라고 말한다. 이는 성공하기 위해 경쟁자들을 짓밟고 일어서는 것이 아니라 그들과 함께 일어서라는 의미다. 다시 말하면, 글로벌 사회를 성공적으로 살아 나갈 수 있는 월드 클래스 선진국 시민으로서 갖추어야 할 자세는 타인 중심적 사고를 하고, 나와 다른 사람들을 이해하며, 타인의 유익을 위해 자신을 희생할 수 있는 성숙한 인격을 갖추는 것이다. 이에 관해 예수님은 몸소 그의 삶으로 타인을 위한 삶이 얼마나 하나님을 기쁘시게 하고 위대한 삶인지를 가르쳐 주셨다. 즉, 예수님을 닮아 가는 신앙 교육은 글로벌 사회를 성공적으로 살아가기 위해 꼭 우리 자녀가 지녀야 할 인격이다.

인생의 동기부여

신앙은 인생의 분명한 목표를 제시해 주는 기본이 되며, 이를 실현할 수 있도록 동기 부여를 해 준다. 우리는 지금 고도의 첨단 기술 시대에 살고 있으며, 세대차가 6개월 만에 생긴다고 하는 무서운 속도의 세상에 살고 있다. 그렇기 때문에 우리는 미래를 예측하고 설계하는 것이 매우 어려워졌다. 이러한 세상에서 자라나는 우리 자녀들이 가장 두려워하는 것은 미래에 대한 불확실성uncer-tainty이다. 그들은 그들의 10년 혹은 20년 후의 미래를 설계하는 것이 매우 불확실하다고 생각한다. 그래서 미래를 준비하며 오늘을 살기를 꺼린다. 그 대신 그들은 오늘을 중요시하고, 지금 이 시간을 즐기려고 한다.

또한 우리 자녀들이 자라나고 있는 가정과 사회는 그다지 우리 아동들에게 호의를 베푸는 것 같지 않다. 2010년 한국의 이혼율이 50퍼센트에 육박하고 있다는 통계를 접한 적이 있다. 이는 미국, 스웨덴 다음으로 OECD 국가 중 세 번째로 높은데 다시 말하면 50퍼센트의 우리 자녀들이 부모의 갈등으로 불안정하고 불확실한 환경에서 성장하고 있다는 말이다. 불안정한 환경에서 불투명한 미래를 향해 우리 자녀들이 건강하게 성장하는 것은 매우 어려운 일이다. 더욱이 우리 자녀들은 홍수처럼 범람하는 잘못된 세상 가치관의 영향을 받고 있다. 왜곡된 서구문화, 극심한 개인주의, 물질주의, 향락주의, 세속주의 등의 영향으로 어린 자녀들이 유년 시절도 없이 급성장하여 그 마음에 동심을 잃고 황폐해지고 있다. 한국 청소년의 자살률이 1위, 사회성, 협력성, 도덕성, 인성 그리고 학업만족도가 타 OECD 국가들과 비교해서 바닥을 치는 이유가 어느 정도 이해가 간다. 참 안타까운 일이다. 신앙심만이 이러한 불안정하고 불투명한 환경을 긍정적으로 받아들이고 자신에게 동기부여를 줄 수 있는 유일한 힘이 된다. 특별히 예수님 안에서의 신앙은 왜 우리가 이 세상에 태어났으며, 무엇이 우리 인생의 궁극적인 목표인지를 분명히 가르치고 있다. 그러나 현재 한국 교회와 성도들이 세상과 그다지 구별된 삶과 가치관을 갖고 있지 못하고, 오히려 사회에 더 나쁜 이미지를 심어 주고 있는 것 같아, 필자가 하는 말을 거부하는 사람도 많이 있으리라 본다. 필자도 교회에 대한 사회의 인식을 부정하지는 않는다. 그러나 이웃 때문에 내가 잘못된 선택을 한다면 손해 보는 것은 나이지 이웃이 아니다. 교회의 연약한 모습으로 자녀의 미래를 망칠 수는 없지 않은가? 진정한 신앙 교육은 부모가 가정에서 하는 것이지 교회에서 하는 것이 아니다.

많은 교육자들은 유대인 부모의 자녀 교육 방법을 세계에서 최고로 여기는데, 그 이유는 유대인 부모들이 세계적으로 성공한 자녀를 가장 많이 배출했기 때문이다. 수많은 유대인들이 자신들의 전문 분야에서 두각을 나타내고 있다. 세계에서 영향력 있는 정치가, 사업가, 예술가, 과학자, 학자들이 유대인이라는 것을 잘 알고 있으리라 생각한다. 그리고 역대 노벨상 수상자가 약 850-900명가량 되는데, 그중 약 20퍼센트가 넘는 숫자가 유대인 출신이라고 한다. 많은 사람들은 유대인이 이렇게 우수한 것이 하나님이 택하신 백성이며 또 지적 능력[IQ]이 높아서 그런 것이라고 생각한다. 필자도 한때 그렇게 생각한 적이 있었다. 그런데 2002년에 영국의 한 기관에서 각 국가 국민들의 평균 IQ를 조사했더니, 홍콩 사람들의 평균 IQ가 107로 1위였고, 한국 사람들이 106으로 2위 그리고 일본인들이 105로 3위였다. 반면, 유대인들의 평균 지적 능력은 94로 세계 10위였다. 이러한 조사를 통해 유대인이 각 분야에서 세계 최고인 것은 그들의 지능이 높아서가 아님을 알 수 있다.

그렇다면 무엇이 그들을 세계 최고로 만든 것일까? 한국 사람들은 정말 머리가 뛰어나고 우수한 국민임에도 왜 세계적인 인물이 그다지 많이 나오지 않은 것일까? 그것은 바로 교육 방식의 차이 때문이라고 생각한다. 대부분의 나라가 한 아이의 국적을 따질 때, 그 아이의 아버지 혈통을 따른다. 아버지가 한국 사람이면 엄마가 타국적을 갖고 있어도 자녀는 한국 국적을 갖게 된다. 그런데 유대인들은 엄마 국적을 따른다. 엄마가 유대인이면 그 자녀가 유대인이 된다. 그만큼 자녀 교육에 미치는 엄마의 영향력이 크다. 그렇다면 유대인 부모들은 어떤 교육 목표와 가치관을 갖고 자녀들을 교육하는지를 아는 것이 중요한데, 그중에 가장 중요한 것이 신앙 교육이다.

유대인의 교육 방법에 대해 연구한 학자들에 따르면 유대인 부모들은 자녀에게 토라와 탈무드를 중심으로 한 신앙 교육을 가장 중점으로 둔다. 철저한 종교 교육을 통해 자녀들의 분명한 정체성과 인생의 목표를 갖도록 양육하는 것이다. 그리고 하나님으로부터 받은 자녀의 재능을 개발하고 그 재능을 유용하게 사용할 수 있는 뚜렷한 교육 목표를 심어 준다. 자녀가 자신의 재능을 사회의 발전을 위해 기여하도록 사회에 대한 책임감을 심어 주고, 자녀가 독립적이며 책임감 있는 사회의 시민으로 성장하도록 교육한다. 다시 말하면, 철저한 신앙 교육과 뚜렷한 교육 목표를 통해 자녀가 사회에서 최고가 되어 성공하도록 교육하지만, 그 성공의 목적이 개인에게 있지 않고 사회의 발전에 있음을 강조한다.

우리 자녀가 분명하고 긍정적인 자기 정체성을 형성하기 위해서는 신앙 교육 즉, 기독교 교육이 바탕이 되어야 한다는 것은 논쟁할 필요가 없다. 또한 자녀의 신앙 교육에 가장 큰 영향을 미치는 사람이 부모라는 사실 또한 부정할 수 없다. 그런데 대부분의 부모들은 자녀의 신앙 교육은 교회에서 하는 것이라고 생각하고, 자녀를 교회에 출석시키는 것으로 자녀의 신앙 교육을 다했다고 여긴다. 그나마 학교 공부를 교회 교육보다 앞세워서 교회보다 학교 공부를 장려하는 부모들에 비하면, 부모가 자녀와 함께 교회에 출석하는 것만으로도 80점이 넘는 신앙 교육이자 부모라고 하겠다. 그러나 교회가 자녀의 신앙 교육을 담당하는 곳이라고 여기는 것은 아주 잘못된 생각이다. 자녀의 신앙 교육을 부모들이 해야 하는 두 가지 이유가 있다. 첫째는 그것이 하나님의 명령이기 때문이고 둘째는 자녀들의 영적 성장에 알게 모르게 가장 많은 영향을 미치는 사람이 부모이기 때문이다.

성경은 우리 자녀의 신앙 교육은 부모가 가정에서 하는 것이라고 가르친다. 여러 군데의 성경 말씀이 이 사실을 말하지만, 이를 가장 명확히 설명하는 성경 구절은 신명기 6장 4-9절이다. "이스라엘아 들으라 우리 하나님 여호와는 오직 유일한 여호와이시니 너는 마음을 다하고 뜻을 다하고 힘을 다하여 네 하나님 여호와를 사랑하라 오늘 내가 네게 명하는 이 말씀을 너는 마음에 새기고 네 자녀에게 부지런히 가르치며 집에 앉았을 때에든지 길을 갈 때에든지 누워 있을 때에든지 일어날 때에든지 이 말씀을 강론할 것이며 너는 또 그것을 네 손목에 매어 기호를 삼으며 네 미간에 붙여 표로 삼고 또 네 집 문설주와 바깥 문에 기록할지니라."

성경이 가르치는 것은 모든 부모가 몸과 마음을 다해 하나님을 사랑하고 하나님의 말씀을 마음에 새기며 그것을 자녀에게 가르치라는 것이다. 집에 앉아 있을 때든지, 길을 갈 때든지, 누웠을 때든지, 일어날 때든지 그것을 네 손목에 매어 기호를 삼으며 미간에 붙여 표로 삼고 또 문설주와 바깥 문에 기록하여 가르치라고

명하신다. 삶으로 가르치라는 것이다.

또한 시편 78장 1-6절에 보면, "내 백성이여, 내 율법을 들으며 내 입의 말에 귀를 기울일지어다 내가 입을 열어 비유로 말하며 예로부터 감추어졌던 것을 드러내려 하니 이는 우리가 들어서 아는 바요 우리의 조상들이 우리에게 전한 바라 우리가 이를 그들의 자손에게 숨기지 아니하고 여호와의 영예와 그의 능력과 그가 행하신 기이한 사적을 후대에 전하리로다 여호와께서 증거를 야곱에게 세우시며 법도를 이스라엘에게 정하시고 우리 조상들에게 명령하사 그들의 자손에게 알리라 하셨으니 이는 그들로 후대 곧 태어날 자손에게 이를 알게 하고 그들은 일어나 그들의 자손에게 일러서."라고 가르친다. 다시 말하면, 부모들은 그들 자녀에게만 우리 주님을 가르쳐야 할 의무가 있는 것이 아니라, 그 자녀를 잘 가르침으로써 아직 태어나지 않은 다음 세대의 자녀에게도 주님의 말씀이 전해지도록 하라는 것이다.

자녀에게 신앙 교육을 하는 것은 절대적이다. 그것은 하나님의 명령이기도 하지만, 하나님을 의지하고 순종하며 사는 것이 하나님의 자녀로서 우리 부모와 자녀에게 매우 유익하기 때문이다. 하나님을 아는 믿음의 축복을 가진 부모 독자 분들에게 먼저 축하드리며, 그 축복을 자녀에게 유산으로 남기기를 노력하는 부모가 되기를 간절히 기도한다.

6장

목적의식을 함양시켜 주는 교육

“죽은 시인의 사회”Dead Poet Society라는 영화는 자녀 교육에 대해 많은 것을 시사해 준다. 영화 속의 주인공인 키팅Keating은 미국 최고 명문 고등학교인 와튼Wharton의 영어 선생으로 온다. 키팅은 학생들에게 자신의 내면의 음성을 들으라고 권유한다. 그러나 그 영화 속에 등장하는 학생들은 자신의 의지이기보다는 부모의 기대와 혹은 가문의 전통에 의해 와튼고등학교에 들어왔다. 닐Neil은 모든 과목에서 A를 받는 천재 학생이었다. 그러나 그가 키팅 선생과 공부를 해 나가는 과정에서 자신은 문학에 소질이 있다는 것을 발견하게 되고, 키팅 선생의 권유로 문학을 통해 자신의 생각을 표현하고자 한다. 그러나 닐의 부모의 기대는 그것과는 전혀 다른 것이었다. 닐의 아버지는 아들의 생각과 소질은 알려고도 하지 않았다. 그의 인생 최고의 목표는 외동아들인 닐을 하버드 의대로 보내 의사를 만드는 것이었다. 닐은 마침내 자기의 생각과 마음을 전혀 이해하려고 하지 않는 부모를 이기지 못하고 자살을 선택한다.

미국 스탠퍼드대학교의 심리학 교수인 윌리엄 데이먼[William Damon] 교수의 연구에 따르면, 미국의 12-26세 청소년 및 성인 중 약 20퍼센트만이 자신이 일생 동안 즐겁게 헌신할 수 있는 의미 있는 일을 찾았다고 답했다. 약 25퍼센트의 응답자가 아직 자신은 아무런 인생의 목적을 찾지 못했다고 했으며, 나머지 약 50퍼센트의 응답자는 현재 그 일을 찾고 있는 중이라고 했다. 인생의 목적을 알고 그 목적을 향해 달려 가는 사람과 그렇지 않은 사람과의 차이는 말로 설명할 필요가 없다. 이는 마치 육상 경기에서 트랙을 따라 달리는 경주자와 트랙을 이탈해서 갈 바를 모르는 경주자의 상황을 비교하는 것과도 같다.

앞 장에서 우리는 글로벌 사회를 올바로 이해하고 우리 자녀를 그 사회가 필요로 하며 또 그 안에서 성공적으로 살아갈 수 있도록 준비시키는 것이 부모의 교육 목적[the goal of education]이 되어야 한다고 했다. 그러기 위해서 먼저 부모는 신앙 교육을 통해 자녀가 분명한 정체성과 긍정적인 자아개념 및 건강한 자존감을 형성하도록 도와주는 것이 목적을 이루는 교육 목표[the objectives of education]가 되어야 한다고도 말했다. 여기서는 계속해서 이 교육 목적[the goal]을 이루기 위해 부모들이 자녀들에게 가르쳐야 할 중요한 교육 목표

the objectives, 즉 재능 발견과 발달, 사회 환원, 인성 교육 및 감성 교육에 대해 살펴보고자 한다.

독자들의 혼돈을 피하기 위해 교육의 목적과 목표의 차이점에 대해 간단히 설명하고자 한다. 목적이 궁극적으로 이루고자 하는 지향점을 의미한다면, 목표는 목적을 이루기 위해 구체적으로 이행해야 할 것이다. 다시 말하면, 글로벌 사회를 성공적으로 살아가기 위해서는 타인 중심의 사고와 원만한 사회 능력을 요구하는데, 이러한 인격을 지닌 성숙한 자녀로 교육하는 것이 교육 목적이라면, 이 목적을 이루기 위해 실천해야 할 구체적인 교육, 즉 분명한 정체성과 긍정적인 자아개념 형성과 신앙 교육 등은 교육 목표라고 할 것이다.

자녀의 재능 발견

한 개인의 직업은 그 사람의 정체성과 매우 관계가 깊다. 자녀의 직업을 선택하는 일은 자녀가 평생을 두고 자신에 대한 분명한 정체성 및 긍정적인 자아개념을 갖고 살 수 있는지를 결정하는 일이므로 무엇보다 중요하다. 그래서 자녀의 직업을 선택하는 데 있어 부모가 자녀를 통해 자신의 뜻을 이루려고 해서는 안 된다. 음악에 소질이 없는 자녀를 부모의 소원을 성취하기 위해 음악가로 키우려다가 실패한 가정도 보았고, 자녀가 자신의 뒤를 이어 의사가 되기를 원하는 부모에게 실망을 주지 않으려고 가짜 의대생 노릇과 의사 노릇을 하다가 적발된 경우도 있었다. 참으로 안타깝고 애석한 일이다. 그러므로 자녀가 평생 종사할 직업은 자녀가 선택하고 결정해야 하며, 또 자녀에게 의미 있는 목표이어야만 한다. 그러기 위해서는 먼저 자녀 스스로가 왜 공부하는지에 대한 목표를 뚜렷하게 깨달을 수 있도록 도와주는 것이 목적 지향적인 교육에서 부모의 역할이다. 자녀 스스로가 자신의 미래에 대해 목표를 세우고 그것을 성취하기 위해 스스로 노력하도록 하기 위해서는 먼저 부모로서 자녀가 자신의 재능을 개발하도록 돕고, 또한 장차 어떤 종류의 직업에 종사하며 살기를 원하는지 스스로 알고 결정할 수 있도록 이끌어 주어야 한다.

그런데 자녀들이 자신의 인생 목표를 찾고 결정하기란 또한 쉬운 일이 아니다. 필자도 대학 교수로서 학생들과 직업 상담을 자주 하게 된다. 한국 대학 시스템과는 달리 미국 대학 시스템은 일단 학생이 한 학교에 입학을 하면 그 학교 내에서 자신의 전공을 바꾸는 것이 그다지 어렵지 않다. 물론 각 과마다 요구사항들이 달라 그것을 준수하는 조건 아래 전공을 바꾸는데, 통계에 따르면 미국 대학생들의 80퍼센트가 적어도 한 번, 평균 세 번 이상 전공을 바꾼다고 한다. 소수의 학생만이 1학년 때 결정한 전공을 바꾸지 않고 4년 후에 졸업한다는 말이다. 그렇기 때문에 부모는 자녀가 성장하는 과정에서 관찰했던 자녀의 재능을 키워 주고, 또 자녀가 관심 있어 하는 분야를 찾아 발전시킬 수 있도록 도와주어야 한다.

최근 미국에서 선풍적인 인기를 얻고 있는 중국계 미국인인 농구 선구 제레미 린Jeremy Lim과 미식축구 선수 팀 티보Tim Tebow가 있다. 특별히 제레미 린은 하버드대학교를 졸업한 재원인데, 그들은 각 분야에서 최고의 선수로 인정받고 있다. 그런데 그들이 많은 사람들에게 존경을 받는 더 중요한 이유는 그들이 매우 착실한 기독교인들로 둘 다 이후에 목사가 되는 것이 꿈이기 때문이다.

행복하고 성공적인 자녀를 키우기 위해 하나님께서 각 자녀에게 주신 재능을 발견하고 그 재능을 발전시켜 나가도록 도와주는 것이 부모의 역할이다. 자신의 재능을 찾고 좋아하는 일을 하면서 자기 유익이 아닌 사회와 하나님의 영광을 위해 살 때, 그만큼 축복받은 인생은 없다. 모든 부모가 이러한 뚜렷한 목표로 자녀를 양육하는 기쁨을 누리기를 소망한다.

2010년에 중국을 방문했을 때 들은 것이다. 중국도 교육 경쟁이 한국 상황과 매우 흡사한데, 자녀 교육 세미나를 끝내고 개인 질문 시간에 어떤 엄마가 그들의 어쩔 수 없는 입장을 말한 적이 있다. 본인들도 자녀가 행복하기를 원하고 자녀의 재능을 발견해서 자녀가 원하는 것을 하도록 도와주고 싶은데, 학교에서 해야 할 공부가 너무 많다 보니 자녀의 재능을 발견할 기회가 없다는 것이었다. 우선은 자녀가 학교에서 뒤처지지 않도록 도와주는 것이 부모의 역할이라는 것이다. 충분히 이해가 간다. 아마 한국 부모들도 같은 입장이라고 생각한다. 상황을 변화시키는 것이 단순한 일은 아니지만 자녀 교육 시스템을 경쟁 중심에서 창의력 위주로 바꿔 나아가야 한다는 것이 필자의 소견이다.

그럼에도 아직 한국의 많은 학부모들은, 자녀들이 자신이 원하는 것을 해 주기를 바라거나 자녀들에게 열심히 공부해야 하는 분명한 목적과 목표를 심어 주지 못하는 것으로 나타났다. 2008년, 미국 콜롬비아대학교의 교육대학 박사 논문이 발표되었는데, 그 주제가 "왜 한국 학생들은 명문 대학 입학 후 학교를 중퇴하는 비율이 가장 높은가?"였다. 앞에서 살펴보았듯 대체적으로 한국 학생들은 매우 우수하다. 그리고 부모들의 교육열도 높아서 자녀가 공부를 한다고 하면 100퍼센트 지원을 해 주기 때문에 미국의 명문 대학 입학률이 상당히 높다. 그런데 본 논문은 1985-2007년 사이[한국의 유학생이 급성장하고, 또 이민도 많이 간 시기를 말한다], 미국의 최고 14개의 아이비리그[Ivy league] 대학에 입학한 1400명의 한국 학생[이민자와 유학생을 포함한 숫자]을 대상으로 연구했는데, 한국 학생의 44퍼센트가 명문 대학에 입학한 후 중퇴한 것으로 밝혀졌다. 인종별로 본 미국 대학생 중퇴율에서 가장 비율이 높다.[미국인 34퍼센트, 중국인 25퍼센트, 인도인 21퍼센트] 여기서 관심을 끄는 것은 그 이유를 조사해 본 즉, 많은 학생들이 분명한 목적과 목표 없이 또는 자기 뜻과는 상관없이 공부를 열심히 했고, 또 학교에 입학했기 때문이라는 것이다. 대학에 들어가서 힘들게 공부는 하는데 공부하는 목적이 분명치 않으니 하기 힘든 공부를 포기하는 것이다. 어렸을 때는 부모에게 순종하는 마음으로 공부를 열심히 했고 결국에는 대학에 들어가기는 했는데, 공부가 적성에 안 맞고 재미가 없다는 것이다. 또 끝까지 잘해서 졸업할 자신도 없으니 그만둔다는 것이다. 많이 들어서 잘 알겠지만, 미국 대학 교육은 암기력으로 공부를 잘할 수 있는 시스템이 아니다. 그보다는 오히려 창의력을 요구하기에 적성에 맞지 않는 전공 분야를 공부하기란 매우 어렵다. 또 어떻게 해서 졸업을 한다 해도 그 분야에서 성공하기가 매우 어렵다. 학생들이 전공을 2-3번 바꾸는 것도 이런 이유 때문이다. 다시 말하면, 뚜렷한 목표 없이 어떤 일에 자신의 온 힘을 투자한다는 것은 매우 힘든 일이며, 그 일에 동기부여를 하는 것도 매우 어렵다. 어느 분야의 일인자가 되기 위해서는 그 분야에 재능이 있고 또 관심이 있어야 한다. 유대인 부모들이 잘하는 것이 자녀들이 재능이 있고 흥미 있어 하는 일을 위해 투자하고 적극 후원하는 것이다.

사회적 책임감 및 사회 환원

글로벌 사회에서 자녀의 성공적인 삶을 위해 부모가 가져야 할 또 다른 교육 목표는 글로벌 정신이다. 글로벌 정신이란 그 교육의 초점이 개인 중심이 아니라 사회를 위해 개인이 성장하고 또 성공하는 것이다. 즉, 사회 전체와 조화를 이루며 성장해 나가야 한다는 데 그 의미가 있다. 부모는 대개 자녀가 어떤 분야에서든지 최고가 되기를 바라며 교육하는데, 그 목적이 개인의 부귀영화를 위해서가 아니라 자신의 능력을 사회의 발전을 위해 기여하도록 하는 데 있어야 한다. 사회에 대한 책임[social responsibility]을 가르쳐야 한다는 말이다. 사회가 존재하지 않고서는 자신의 성공도 없다는 것을 알려 주어야 한다. 글로벌 교육에서 진정한 성공의 척도는 자신의 삶이 이 사회와 세계를 윤택하게 하는 데 얼마나 도움을 주었는가 하는 점이다.

다시 말해, 앞에서도 이야기했지만 글로벌 사회란 개인이 아무리 유능해도 사회와 고립되어서는 살 수 없는데, 이러한 사회에 대한 인식을 자녀들에게 심어 주어야 한다는 것이다. 교육의 목표도 개인적인 차원에서만의 성공이 아니라 국가적인 차원에서의 성공을 위해 이루어져야 하고, 더 나아가 내 나라만 잘살기 위해서가 아니라 세계의 모든 나라와 인류를 위해 공헌할 수 있는 사람을 키우는 것이 되어야 한다.

한국은 경제적으로 또 지적으로 선진국 대열에 속해 있음에도 한국 사회와 국민들의 삶은 선진국다운 모습으로 국제 사회에 보이지 못하고 있는 것이 현실이다. 한국 사람들은 요즘 '최고' the number one의 정신으로 자신을 가꾼다는 말을 들었다. 아주 긍정적인 정신이라고 생각한다. 그런데 '최고'라는 단어가 어떤 의미로 사용되고 해석되는지 궁금하다. 또한 한국 사회는 어떤 사람을 '최고'라고 부르는지 궁금하다. 이에 앞서 일본에 관한 이야기를 조금 하겠다. 한국은 일본과는 역사적으로 감정이 많은 나라지만, 그들에게 배울 것이 많은 것 또한 부정할 수 없다. 2011년 3월, 일본이 해일로 인해 수많은 인명과 재산 피해를 입은 것은 모두가 잘 아는 사실이다. 그때 일본 사람들이 그 어려운 상황을 질서 있고 성숙한 모습으로 헤쳐 나가는 것을 보도하면서 미국의 많은 TV 방송 앵커들은 특히 ABC TV의 다이안 소여 일본인들을 '일등 국민' Master Citizen이라고 불렀다. 미국 방송은 일본인이 장시간 동안 식품 배급을 받기 위해 줄을 서서 기다리며 누구 하나 불평하지 않는 모습을 세계에 보도했고, 이웃을 위해 식품점 선반에 있는 물병을 하나만 사는 모습을 담았으며, 자신이 혼자 먹기에도 부족한 음식을 이웃에게 권하는 모습도 보여 주었다. 또한 수백 명이 공동으로 생활하는 공간을 더럽히지 않으려고, 그 환경에서도 쓰레기를 종류별로 수거하는 모습을 보도하면서, 일본인들의 수준 높은 모습에 경의를 표했다. "나 혼자 편하게 살아야겠다"는 의식만 갖고 있었다면 절대 나올 수 없는 행동이었다.

사회 환원, 사회적 책임감, 자원봉사 등은 오늘날 미국이라는 사회를 설립하는 데 크게 기여한 정신이다. 2012년 미국 상위 50명의 자선가가 사회에 기증한 기부금 액수가 72억 불이라는 통계가 나왔다. 아마도 필자와 같은 소시민이 단체에 기증한 돈을 모두 합한다면, 그 액수는 아마도 천문학적 숫자가 될 것이다. 이러한 기부금은 대부분 학교, 병원, 도서실, 박물관, 연구소 등에서 사회를 변화시키는 데 사용되고 있다. 특별히, 필자가 살았던 로스앤젤레스에는 게티 센터[Getty Center]라는 예술박물관[The Paul Getty Museum]이 있는데, 이 박물관은 미국의 1960년대 석유왕이었던 폴 게티가 자신이 갖고 있던 세계적인 예술품을 더욱 많은 사람에게 공개함으로 일반인에게 예술과 문화를 알리고 교육하자는 목적으로 세워진 곳이다. 이에 게티박물관은 다른 예술박물관과는 달리 일반인들에게 입장료 없이 그 귀한 예술품을 공개할 뿐만 아니라, 박물관 내에서 예술 교육 및 공연 등을 모두 무료로 공개하고 있다. 이러한 정신이 미국이라는 나라가 온 세계에 영향을 미칠 수 있는 힘이다. 선진국이라는 명칭은 비단 그 나라가 경제적으로 부유하기 때문에 얻어지는 것이 아니다. 글로벌 시대에 선진국이 되는 것은 경제적 지위뿐 아니라 얼마나 많이 세계의 안녕과 평화를 위해 이바지하는가에 달려 있다.

이러한 글로벌 사회가 요구하는 성숙한 시민을 목표로 삼는 교육 정신도 우리 한국 부모가 자녀들에게 심어 주어야 할 중요한 교육 목표 중의 하나이다. 우리는 아직도 인생 목표를 내 자식 그리고 내 가정에 두고 있다. 좀 더 관심을 넓힐 필요가 있다. 이것이 성공의 척도를 얼마나 많은 물질을 소유하고 있는가에 두고 있는 한국 사회에 새롭게 일어나야 할 가치이며, 교육 목표라고 필자는 주장한다.

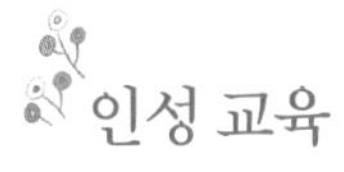

인성 교육

필자가 2010년에 중국 5개 도시를 돌면서 부모 교육 및 교사 교육을 했는데 중국에 대해 가장 놀라고 인상 깊었던 점은 그들이 가장 관심을 갖고 있는 교육 분야가 자녀들의 인성 교육이었다는 점이다. 중국은 3세대째 1가정 1자녀 정책을 펴 오고 있다고 한다. 그래서 각 가정마다 한 자녀만을 양육하고 있는데, 중국이 경제 강대국으로 부상하면서 각 가정마다 자녀 교육에 대한 관심이 높아지고 있다. 그런데 문제는 외동딸 혹은 아들이 그의 부모는 물론 양가 조부모에게 받는 사랑과 관심으로 인해 자녀가 매우 자기중심적으로 성장하고 있으며, 가정에서 가장 어린 자녀가 마치 그 가정의 황제 혹은 황후와 같은 대접을 받고 있다는 것이다. 중국 정부는 자녀의 인성 교육이 부족하다는 것을 인식하고 자녀의 인성 교육을 중시할 것을 권고하고 있다고 한다. 필자가 크리스천 대학교의 교수로 중국에서 부모 교육 및 교사 교육을 할 수 있었던 것도 중국이 그 초점을 인성 교육Character Education에 두고 있기 때문이다. 왜 중국 정부는 자녀들의 인성 교육에 신경을 쓰게 되었을까? 그것은 이 책에서 반복했던 말이지만 자기중심적으로 성장한 자녀들을 의도적으로 교육하지 않으면 사회에서 남들과 어울려 살기가 쉽지 않기 때문이다. 뿐만 아니라 한 나라가 세계에 영향력을 미치는 지도국으로 성장하기 위해서는 그 국민을 지도자적인 국민으로 키워야 한다는 데에는 의문의 여지가 없다. 지도자가 되기 위해 가장 필요한 인격은 타인을 이해하고 포용할 수 있으며 사회에서 환영받는 원만한 성격이다. 따라서 자녀들을 그러한 지도자적인 자질을 소유한 자로 교육해야 한다는 것을 중국 지도자들은 이미 깨닫고 있는 것이다.

인성 교육은 21세기 글로벌 사회의 교육자들이 가장 관심을 두고 교육하고자 하는 분야이다. 우리가 살고 있는 21세기를 후현대라고 하는데, 후현대의 특징은 자기 자신의 잠재력을 발견하고 개발하며 자신의 가치를 존중하는 동시에 나와 다른 문화나 생각과 언어를 가진 사람들을 존중하고 포용하는 것이다. 이러한 후현대의 필요성을 충족시키기 위해 자라나는 아이들에게 요구되는 것이 나와 다른 것을 이해하고 포용할 수 있는 인성 교육이다.

2000년에 미국 내셔널지오그래픽National Geography 사에서 만든 다

큐멘터리를 본 적이 있다. 이는 미국 뉴저지 주에서 세 자녀[6,9,12세]를 키우는 한 중산층 가정[멕스웰 부부]이 자녀들과 함께 아프리카 오지에 이주해 살면서 적응해 가는 모습을 담고 있다. 멕스웰 부부는 모든 것이 풍족함에도 감사하고 행복해하기는커녕 마냥 버릇없고 자기중심적으로 성장해 가는 자녀들의 인성 교육을 위해 침실 5개와 화장실 3개가 있는 편한 집을 청산하고, 아프리카의 가난한 나라 중의 하나인 짐바브웨[Zimbabwe]로 이주하여 6개월을 살았다.

짐바브웨에서도 편리한 시설이 가능한 도시를 떠나 화장실도 없이 원시적인 삶을 살고 있는 시골 지방에 거주지를 마련하여 초막에서 자녀들과 함께 생활했다. 변화된 환경의 불편함에 자녀들의 불평과 짜증은 말할 것도 없었고, 멕스웰 부부조차도 그 새로운 환경에 적응하기가 너무 어려웠다. 식수 및 식품을 사기 위해서는 30마일이 넘는 곳에 위치한 마을로 나가야 했고, 자동차가 없어 소나 말이 끄는 마차를 타고 다녀야 했다. 자녀들은 미국으로 돌아가자고 날마다 울었고 짜증을 부렸다. 그 후 약 한 달이 지나자 자녀들이 점차 그곳에서 친구를 사귀기 시작했으며, 원시적인 삶에 적응해 갔다. 그렇게 6개월을 살았는데, 돌아올 때는 제법 그곳 친구들과 헤어지는 것을 아쉬워했다. 자녀들은 물 한 병에 감사를 배웠고, 인내를 배웠으며, 그들이 그동안 미국에서 누렸던 작은 것 하나에도 모두 감사한 마음을 갖게 되었다. 멕스웰 부부는 6개월간 고생한 보람이 있었다고 말한다. 정말로 훌륭한 부모라고 말하지 않을 수 없다.

글로벌 시대가 특별히 요구하는 인격과 성품은 어떤 것일까? 글로벌 시대는 경쟁의 시대가 아닌 이해와 관계의 시대라고 했다. 이에 글로벌 교육에 관심 있는 교육 기관이 중심적으로 가르치는 인성은 신용, 긍휼, 존경, 배려, 포용, 인내, 정의 그리고 책임 등인 것으로 조사되었다. 다시 말하면, 관계를 잘 맺는 데 도움이 되는 인격이다.

인성은 어떻게 교육해야 효과적인가? 3가지 종류의 교육지식 교육, 감성 교육, 행동 교육이 필요하다. 그중에서도 감성 교육과 감성적인 동기부여가 중요하다. 먼저 배움의 종류에 대해 간단히 살펴보고자 한다. 배운다는 것은 크게 세 종류로 나누어 볼 수 있다. 지적인 배움, 감정적인 배움 그리고 행위적인 배움이다. 지적인 배움이란, 말 그대로 지식을 쌓아 가는 것이다. 예를 들면 언어, 수학, 과학, 역사, 생물학, 화학 등의 지식을 듣고, 읽고, 생각하고 기억하는 등 우리의 인지 능력을 통해 축적해 가는 것이다.

둘째, 감정적인 혹은 감성적인 배움은 말 그대로 감정을 통해 배우는 것이다. 다시 말하면, 감정의 경험을 통해 배울 수 있는 것이다. 예를 들면 사랑, 인내, 친절, 존경, 겸손, 기쁨, 행복, 온유 등은 사람의 인격을 표현하는 단어로서, 사람의 감정과 깊은 관계가 있다. 사랑, 인내, 친절 등의 인격을 지적인 표현으로 인지를 통해 가르치고 또 배운다는 것은 불가능하다. 사랑, 인내, 친절, 겸손, 온유 등의 인격은 감정으로 먼저 체험하고 느끼며 생각을 통해 참뜻을 배우게 된다. 사랑이란 어떤 감정을 의미하는 것인지, 인내는 어떤 감정을 요구하는 것인지, 친절은 어떤 감정을 전달하는 것인지, 겸손은 왜 필요한 것인지, 온유는 무엇을 의미하는 것인지 등은 감정의 체험 없이 인지적으로만 배울 수는 없다. 그래서 감성적인 배움이라고 한다. 그러므로 효과적인 인성 교육을 위해서는 자녀들에게 그들의 감정으로 그 인격을 체험할 수 있는 기회를 주어야 한다. 부모와 가정을 통해 직접 목격하고 체험해야 하며, 이 외에도 책과 그 밖의 다양한 봉사활동을 통해 기회를 제공하는 것이 인성 교육의 첫걸음이라고 하겠다.

셋째는 행위적인 배움이다. 행위적인 배움은 기술, 습관과 같은 어떤 행위를 배운다는 말인데, 예를 들면 피아노를 친다거나, 골프를 한다거나, 자동차를 운전하는 것 등이다. 이것은 행위를 하지 않고 인지를 통해 또 감정을 통해 습득할 수 없다. 행위적인 배움은 몸소 반복적인 실천을 통해서만 배울 수 있다. 도덕적인 행위 혹은 좋은 습관을 배우는 것도 행위적인 배움의 범주에 넣을 수 있는데, 도덕을 인지적으로 이해하는 것과 그것을 사회에서 행동으로 옮기는 것은 서로 다르기 때문이다. 옳고 그름을 아는 지식인들이 모두 도덕적인 삶을 행동으로 실천하면서 사는 것은 아니다. 교육자들이 일반적으로 동의하는, 효과적인 행위적 배움을 위한 순서는 다음과 같다. 첫째, 학생들에게 가르치려는 행위를 관찰할 수 있는 기회를 준다. 둘째, 행위에 대한 설명을 해 준다. 이는 행위에 대한 인지적인 이해를 돕고 생각 없이 행동만을 모방하는 것을 막기 위해서이다. 셋째, 스스로를 관찰하고 인지적으로 이해한 행동을 실천해 보도록 한다. 실천을 통해 인지적인 이해를 높일 뿐 아니라 감정적인 체험과 감정적 배움을 하게 된다. 감정적 체험은 그 행동을 반복할 수 있는 동기부여가 된다. 왜냐하면 동기부여는 감정과 깊은 관련이 있기 때문이다.

인성 교육도 결국에는 실천이 없으면 아무런 의미가 없다. 그러므로 삶으로 실천되는 인성 교육을 위해서는 자녀들이 주변의 성숙한 인격자들의 행동을 보고 배우며, 그것들을 실천해 볼 수 있는 환경이 필요한데, 가정이나 그들이 속한 공동체 즉 교회가 이러한 교육을 하기에 가장 적합하다. 가정이나 공동체는 자녀들의 행동에 대해 적절한 평가를 해 줄 수 있는 장소가 되어야 한다. 자녀들이 주변 사람들에게 그들의 행동에 대해 좋은 반응을 얻으면 같은 행위를 반복하고 싶은 동기부여가 된다. 그러므로 효과적인 인성 교육을 위해서는 첫째, 자녀들이 옳은 인격을 관찰할 수 있는 환경 즉, 주변에 자녀들이 배울 만한 모범 인물[role model]이 필수이며, 둘째는 이를 실천할 수 있는 환경, 셋째로는 배운 것을 계속 실천할 수 있는 부모나 모범 인물로부터 오는 동기부여라고 하겠다.

그럼에도 한국의 교육 실태를 살펴보면, 아직도 한국의 교육 방침은 인성 교육보다는 두뇌 중심의 교육에 치중하고 있고, 사회의 발전보다는 개인의 성취에 더욱 관심을 쏟고 있다. 교육의 초점도 개인의 능력 개발에 머물고 있어, 머리는 뛰어나고 우수하되 자기만을 생각하는 이기적인 사람으로 교육시키는 반쪽짜리 교육을 하고 있는 것은 아닌지 염려될 때가 많다. 아무쪼록, 한국 교육이 두뇌보다는 인성에 더욱 많은 관심과 초점을 기울이는 교육 시스템으로 변하기를 바라며, 자라나는 우리 자녀들이 자신을 먼저 사랑하고, 친구를 사랑하며, 이웃을 사랑하고, 나아가 온 세계를 사랑하는 넓은 마음을 품은 자녀로 성장할 수 있기를 간절한 마음으로 소망한다.

감성의 힘

앞에서 감성이 사람의 배움에 미치는 영향에 대해 살펴보았다. 다수의 사회과학자들이 다년간의 연구 끝에 발표한 결론은, 한 개인이 그의 삶을 성공적으로 이끌어 갈 수 있는 가장 중요한 요소는 우수한 두뇌, 즉 지능지수[IQ]가 아니라 감성[EQ 혹은 EI]지수인 것으로 나타났다. 이들의 연구에 따르면, 한 사람이 사회에서 주위 사람들에게 존경받으며 성공적인 삶을 살아가는 데 가장 필수적인 조건은 성숙한 인격과 원만한 사회성이다. 또한 앞 장에서 살펴보았듯이 개인의 성숙한 인격과 원만한 사회성은 명석한 두뇌보다는 감성과 관계가 깊다. 아울러, 감성능력은 지능지수와는 달리 배워서 습득할 수 있기 때문에 교육과 훈련을 통해 발달이 가능하다. 그러면 여기에서 먼저, 감성은 어떤 능력을 말하는 것이며, 어떻게 교육해서 발달시킬 수 있는지를 간단히 소개하고자 한다.

감성능력[감성지수]을 측정하는 요소는 다섯 가지로 구분되어 있다. 첫째 자신의 감정을 인식할 수 있는 능력, 둘째 자신의 감정을 조절 · 통제할 수 있는 능력, 셋째 자신에게 동기부여를 할 수 있는 능력, 넷째 타인의 감정을 인식할 수 있는 능력 그리고 다섯째 타인과의 관계를 조절할 수 있는 능력이다.

자신의 감정을 인식할 수 있는 능력

감성 발달에 가장 기본적인 것은 자신의 감정을 인식할 수 있는 능력이다. 이는 말 그대로 자기 자신이 느끼고 있는 감정을 정확하게 분별하는 것이다. 이러한 능력이 중요한 까닭은 자신이 느끼고 있는 감정을 명확히 인식함으로써 그 감정이 생긴 이유와 그 감정을 관리 혹은 통제할 수 있는 능력을 배울 수 있기 때문이다. 예를 들면 기쁨, 행복, 만족, 화, 창피, 불안, 당황, 실망 등의 긍정적이거나 부정적인 감정을 인식하고 분별하며, 그 감정을 느끼는 원인을 아는 능력이다. 어떤 감정을 느끼는 원인을 인식하면, 그 감정이나 그 감정으로 인한 문제 해결이 수월해진다. 또한 감정 인식·분별 능력은 다음 단계인 감정 관리·통제 능력 발달의 토대가 되기도 한다. 그렇다면 감정 인식·분별 능력은 어떻게 교육해서 발달시킬 수 있는가?

아동들은 유아기[2-3살] 때부터 좋고 싫은 감정을 느끼기 시작한다. 그래서 싫은 감정을 느낄 때 울고 떼를 쓰며, 좋은 감정을 느낄 때 웃음으로 자신의 감정을 표현한다. 또한 유아기 때부터 아동의 자존감 발달과 관계가 깊은 창피한 감정, 수줍은 감정, 혹은 의심스러운 감정을 느끼기 시작한다. 부모나 양육자들은 아동이 자신의 감정을 표현할 때, 그것을 언어로 표현해 줌으로써 아동들이 점차 자신의 감정을 인식하고 말로 표현할 수 있도록 도와주어야 한다. 예를 들면, 감성적으로 건강한 아이들은 그들이 부모에게 필요한 관심을 받지 못할 때 화를 내고 떼를 쓰면서 싫은 감정을 표현한다. 이때 부모는 "왜 생떼야!" 혹은 "왜 울어!"라고 아이와 같이 화를 내기보다는 "엄마가 봐 주지 않아서 화가 났구나." 하고, 그 아이가 화가 난 원인과 아이의 감정을 인정해 주는 행동을 해야 한다. 이것은 아동이 자신의 감정을 인식하고 통제하는 능력을 발달시킨다. 감정을 인식하는 능력은 다음 단계인 감정통제 능력의 기본이 되므로 감정 발달의 매우 중요한 첫 단계라고 하겠다. 아동이 아직 어려서 엄마의 설명을 다 이해하지 못하더라도 말로 표현해 주는 것이 아동의 언어 발달 및 감성 발달에 필요하다. 아동뿐만이 아니라 성인들도 자신이 느끼는 감정을 어느 누가 말로 표현해 줄 때, 그 감정에 대한 관리 및 통제를 쉽게 할 수 있다. 이에 대해서는 다음 장의 '대화 방법'에서 좀 더 자세히 살펴보도록 하겠다.

자신의 감정을 관리 · 통제할 수 있는 능력

두 번째 단계는 자신의 감정을 관리 · 통제할 수 있는 능력이다. 이것은 첫 번째 단계인 자신의 감정을 분별하거나 인식하는 능력 없이는 발달시키기가 어렵다. 감정을 관리 · 통제할 수 있는 능력은 성숙한 인격 형성과 원만한 사회성 발달 그리고 어려운 상황을 헤쳐 나갈 수 있는 동기부여를 해 주므로 자녀의 성공적인 성장을 위해 꼭 가르쳐야 한다. 감정을 관리 · 통제할 수 있는 능력은 스트레스가 심한 상황에서도 침착하게 주어진 상황을 헤쳐 나갈 수 있고, 불안한 감정에서 자신을 효과적으로 안정시킬 수 있으며, 화나 실망적이고 부정적인 감정 상태를 신속하게 처리해 나갈 수 있는 능력을 말한다. 예를 들면 화가 났다거나 실망한 상태에서는 말을 삼가거나 혹은 행동을 조심하고, 마음이 초조하고 불안정할 경우에는 중요한 결정을 삼가며, 친구들과 TV를 보거나 컴퓨터 게임을 하기보다는 내일 있을 시험을 생각해서 현재의 충동을 조절하고 책을 읽을 수 있는 능력이다.

미국의 스텐포드대학교의 심리학자 월터 미셸Walter Miche은 아동들의 '만족지연 능력'자신의 감정을 조정·통제하는 능력과 그들의 삶의 성공이 어떠한 관계가 있는지 연구했다. 이는 1960년대에 시작된 연구로 현재까지도 많은 학자들 사이에 적용되고 있는 이론이다. 만족지연 능력은 미래의 보다 큰 만족을 위해 현재의 순간적인 충동이나 욕구를 자제할 수 있는 것을 말하는데, 이것이 자기감정 관리 및 통제와 깊은 관계가 있고 더 나아가 감성지능과 깊은 관계가 있다.

미셸 박사는 이 실험을 위해 4살짜리 아동 30명을 연구 사례로 삼았는데, 이 연구에 참가한 아이들을 한 사람씩 방으로 부르고 아이들이 좋아하는 마시멜로 과자를 하나씩 나누어 주었다. 그리고 15분 후에 다시 돌아올 테니 그때까지 나누어 준 마시멜로를 먹지 않고 기다리면 하나를 더 주겠다고 아이들과 약속했다. 아이들의 반응은 각기 달랐는데 15분을 기다리지 못하고 곧바로 마시멜로를 먹어 버린 아이도 있었고, 몸을 비벼 가며 기다리다가 참지 못해 중간에 먹어 버린 아이도 있었다. 미셸 박사가 돌아올 때까지 기다리는 아이들도 있었는데, 힘든 기다림 속에 어떤 아이는 눈을 감은 상태에서 마시멜로를 보지 않으려고 애를 썼고, 어떤 아이는 노래를 부르면서 다른 생각을 하느라고 애를 썼으며, 심지어 어떤 아이는 잠을 자려고까지 하면서 먹지 않으려고 노력했다. 15년 후, 실험에 참가한 아이들을 다시 만나 보았다. 그 결과는 놀라웠다. 그 당시 마시멜로를 먹지 않고 기다렸던 아이들은 청년이 된 후에도 여러 면에서 뛰어난 능력을 발휘했고, 자기 확신을 보였으며, 인생의 좌절에도 훨씬 잘 대처했다. 또한 어려움에 직면해도 포기하기보다는 도전으로 받아들이고, 자신에 대해 긍정적이며, 자신감이 있었다. 반면 그 시간을 기다리지 못하고 마시멜로를 먹은 아이들은 상대적으로 이러한 자질이 훨씬 뒤떨어졌고, 자신에 대한 부정적인 자아상을 갖고 있었으며, 어려운 환경에 쉽게 좌절하고, 화가 나는 일이 생기면 신경질적으로 과도한 반응을 보이며 논쟁과 싸움을 불러일으키는 비사회적 성품의 소유자로 성장했다. 또한 기다렸던 아동들의 SAT Standard Aptitude Test: 표준능력시험 점수는 기다리지 못했던 아동들에 비해 100점 이상 높은 것으로 조사됐다. 또한 감정통제 및 만족지연 능력은 성장하는 과정에서 부모와의 신뢰를 형성한 아동에게서 보편적으로 많이 나타나는 것으로 드러났다. 예를 들어, 자녀와의 약속을 꼭 지켰던 부모의 자녀들은 15분이라는 시간을 어렵지 않게 기다렸다.

부모에 대한 신뢰는 자녀가 성장하는 과정 동안 부모와의 관계에서 형성되지만, 앞 장에서 나눈 에릭슨의 이론에 따르면, 특별히 영아기 시절 0~1세 부모와 영아 간에 신뢰할 만한 관계를 형성했는가의 여부가 매우 중요하다. 이는 자신과 타인 간에 신뢰를 배운 아동들은 자신의 감정을 조절하고, 인내하며, 기다릴 수 있는 능력 또한 습득하게 된다는 것이다. 감정통제 능력은 성공적인 삶과 성숙한 인격 형성, 또한 삶을 긍정적으로 볼 수 있도록 자신에게 동기부여를 하는 능력의 기초가 되므로 자녀에게 꼭 가르쳐야 하는데, 이 능력을 기르기 위해서는 부모와 자녀 간의 신뢰를 형성하는 것이 필요하다.

그러나 안타깝게도, 자신의 감정통제 능력이 성공적이며 성숙한 삶에 필수적인 요소임에도 오늘날 우리 자녀들은 기다림을 배우지 못하는 시대 즉, 과학 발달 및 마케팅 능력으로 무엇이든지 원할 때 즉각적으로 욕구를 만족시켜 주는 인스턴트 시대에 살고 있다. 이로 인해 우리 자녀들은 인내하고 자신의 감정을 통제하는 것을 배우지 못하고 있다. 우리 부모들은 자녀의 원만한 인격 형성을 위해 의도적으로라도 자녀가 원하는 것을 바로 해결해 주기보다는 인내하고 기다리는 습관을 가르치는 것이 필요하다.

자신에게 스스로 동기부여를 할 수 있는 능력

세 번째 단계의 감성 발달은 자신에게 동기부여를 할 수 있는 능력이다. 동기부여란 자신의 감정을 통제할 수 있는 능력에서 나오는데, 미래의 성취를 위해 현재의 감정을 통제하는 것을 말한다. 예를 들어 새로 사 온 컴퓨터 게임을 하지 않고 내일 있을 시험 준비를 하는 절제력을 말한다. 동기부여는 크게 내적인 동기부여와 외적인 동기부여 두 가지로 나눈다. 내적인 동기부여는 스스로 자신에게 동기를 부여하는 것이고, 외적인 동기부여는 외부에서 받는 동기부여라고 하겠다. 부모가 자녀에게 학교에서 1등을 하면 원하는 스마트폰을 사 주겠다고 약속하는 것은 외부적 동기부여라고 하겠다. 내부적 동기부여란 외부의 조건 없이 스스로 끈기 있게 한 가지 과제에 몰입하여, 낙담하지 않고 무언가가 잘못되었을 때도 용기를 잃지 않고 추진하는 능력이다. 위에서 언급했듯이, 이러한 내부적 동기부여를 행할 수 있는 능력은 자신의 감정을 인식하고 통제할 수 있는 능력에서 생기는 또 다른 능력이라고 할 수 있다. 예를 들면, 동기부여란 어떠한 과제가 주어졌을 때, 어떤 아동^{성인도 마찬가지이다}은 성실하게 주어진 일만을 감당하고, 어떤 아동은 마지못해 하며, 또 어떤 아동은 허덕이면서 제대로 감당해 내지 못하곤 한다. 하여간 주어진 일의 한계 안에서만 일을 하는 아동이 있는가 하면, 어떤 아동은 주어진 일이 좀 더 자신에게 의미 있는 일이 되도록 끊임없이 연구하고 고민하면서 일을 하기 때문에, 원래의 주어진 일보다 자신에게 훨씬 더 가치 있는 일이 되는 경우가 있다. 자신에게 주어진 일을 남의 일이라 생각지 않고, 내게 주어졌으니 내 일이라 생각하며, 차원 높은 일의 결과를 위해 끊임없이 노력하는 힘 즉, 에너지가 자신에게 동기부여를 할 수 있는 능력이라고 하겠다. 성인의 경우에도, 직장 상사의 성격에 따라 다소 차이가 있겠지만, 대부분의 경우 직장에서 주어진 일만 하는 사람은 상사에게 꾸중은 듣지 않아도 신임을 받기란 어렵다. 그런데 주어진 일 이상으로 일을 하는 사람은 승진도 빠르고 자기 발전도 빠르다.

또 다른 다수의 사회과학자들은 아동의 학업 우수성과 그들의 감성지능 및 동기부여 능력과의 관계에 대해 연구했다. 이들의 연구 발표에 따르면, 감성지능이 높은 사람들이 학업에서도 머리가 좋은 사람 못지않게 우수했다고 주장했다. 왜냐하면 감성지수는 집중력과 또 실패를 새로운 도약으로 생각하고 새롭게 시작하고자 스스로 동기부여를 할 수 있는 능력과 관계가 있으며, 자신이 별로 좋아하지 않거나 흥미롭지 않은 일에도 장기적인 목표 달성을 위해 순간의 충동적인 욕구나 행동을 자제하며 즐거움과 만족을 지연시키는 능력과 연관이 깊기 때문이다.

감성지능과 학업의 우수성

한 사회과학자가 이에 관해 실험을 했는데, 감성지수가 높은 아동 그룹과 감성지수가 낮은 아동 그룹을 나누어 각 그룹에 도미노 500개씩을 주고 그것을 그룹 아동과 함께하도록 했다. 감성지수가 높은 아동 그룹은 그들 중 누구 하나가 실패했더라도 화를 내거나 불평하지 않고 목표를 향해 다시 가는 반면, 감성지수가 낮은 그룹은 그들 중 누구 하나가 실패했을 경우 쉽게 실망하고 불평하며, 다시 시도해 보려고 하지 않았다.

성공적인 자녀 양육을 위해 학업의 우수성을 강조하는 것은 필수이다. 2010년, 미국 예일대학교 법대 교수인 중국계 미국인인

에이미 추아[Amy Chua] 교수가 *Tiger Mother*[타이거 마더]라는 제목의 자녀 교육 책을 출판했는데, 그 책이 미국 사회를 흔들어 놓았다. 그 책이 미국 사회에서 큰 주목을 받고 토론의 대상이 되었던 까닭은, 미국식 자녀 교육과 비교하여 중국식 자녀 교육의 우수성을 내세웠기 때문이다. 에이미 추아 교수가 말하는 중국식 자녀 교육은 부모 중심의 엄격한 자녀 교육 방법, 즉 권위적인 자녀 교육이었다. 그리고 자녀 중심의 미국식 교육을 시간 낭비의 열등한 방법으로 표현해 많은 사람의 논쟁거리가 된 바 있다. 그 책에 관해, 타임지 기자가 서양 대 동양의 교육 방법을 비교하여 타임지 2011년 1월 31일자 기사에 발표했다. 이 기사에 OECD 국가 15세 청소년들을 대상으로 한 기관에서 실시한 프로그램[Organization for Economic Co-operation and Development's Program for International Students Assessment] 중 읽기[reading]와 수학 테스트 점수가 소개되었다. 그 테스트 점수에 따르면 중국 상하이 학생들이 1등이었고[읽기 556점·수학 600점], 이어서 한국[540점·550점], 홍콩[530점·560점], 싱가포르[525점·560점], 캐나다[525점·525점], 일본[515점·525점]이었으며, 유럽 및 미국 학생들은 평균[500점·500점]으로 중하위권을 차지했다. 또한 영국의 한 통계 기관에서 선진 국가들을 대상으로 IQ를 조사해 봤는데, 1-10위를 차지한 나라는 대부분이 아시아계였다. 그런데 의문이 생기는 것은 아시아계 학생들이 읽기와 수학 테스트에서 상위권을 차지하고, 또 상당히 우수함에도, 서방 국가나 미국 학생들과 비교해서 세계적인 수준의 인재나 지도자가 많이 배출되고 있지 못하다는 점이다. 여기에는 많은 복합적인 이유가 있겠지만, 창의력 및 감성 교육의 부족함이 이러한 결과를 초래하고 있는 것이라고 필자는 믿는다.

그렇다면 어떻게 스스로에게 동기부여를 하도록 양육할 수 있을까? 먼저 감정통제 능력을 길러 줌으로써 내적 동기부여 능력을 개발시켜 줄 수 있다. 내적인 동기부여 능력은 자신에 대한 분명한 정체성과 긍정적인 자아개념을 소유한 사람에게서 나타날 수 있는 능력이기도 하다. 그러나 많은 부모들은 외적인 동기부여 방법을 사용하여 부모가 원하는 행위를 자녀가 실천하도록 유도한다. 외적인 동기부여는 단기적이며 시간이 지남에 따라 동기부여 능력을 상실하기 때문에 조건을 계속 높여야 하는 문제점이 있다. 어린아이들에게 외적인 동기부여는 단기적인 효과가 있을 뿐이다. 부모들의 궁극적인 목표는 자녀가 스스로 동기부여를 할 수 있는 내적인 능력을 키워 주는 것이므로, 부모들은 외적인 동기부여를 통해 자녀가 내적으로 동기부여를 할 수 있도록 교육해야 한다.

타인의 감정을 인식할 수 있는 능력

네 번째 단계의 감성 발달은 타인의 감정을 인식할 수 있는 능력이다. 이것은 다른 말로 감정이입 능력이라고도 하는데, 타인이 처해 있는 상황을 이해하고 그 사람의 입장에서 그 사람의 감정을 이해할 수 있는 것을 말한다. 바꿔 말하면, 타인이 느끼는 감정을 공감하고 이해할 수 있는 능력이다. 도덕적 행위 및 친사회적 행위에서 언급했듯이, 감정이입 능력은 아동 및 성인들로 하여금 도덕적 및 친사회적 행위를 실천할 수 있도록 동기부여를 하는 중요한 요소이며, 성경적인 신앙생활 및 원만한 사회생활을 위해 필수적인 능력이기도 하다. 그렇다면 타인의 감정을 이해하는 능력은 어떻게 개발할 수 있을까?

개인의 감정이입 능력 발달은 자신에 대한 분명한 정체성 발달과 깊은 관계가 있다. 이는 또한 자신의 감정인식 능력과 감정통제 능력과도 매우 연관이 깊은 것으로 조사되었는데, 이는 자신의 감정을 이해하지 못하고 타인의 감정을 이해하기란 불가능하기 때문이다. 아울러, 타인의 감정을 인식할 수 있는 능력을 키워주기 위해 자녀들에게 의사소통 능력, 특별히 상대방의 말을 듣는 기술listening skill을 가르치는 것이 절대적으로 필요하다. 듣는 기술을 가르치기 위해서는 대화하는 기술이 필요한데, 한국 부모들이 자녀 교육에 있어 가장 부족한 부분 중의 하나가 자녀들과 대화를 잘 못한다는 것이다. 의사소통 능력에 관해서는 다음 장인 지도력 자질 개발에서 자세히 다루기로 하겠지만, 듣는 기술은 타인의 감정을 알기 위해서만 필요한 것이 아니라 자신의 정체성 형성과 감성 이해에도 필수적인 요소라고 하겠다.

타인의 감정을 이해하는 능력은 또한 나와 다른 다양한 문화를 경험하고 이해함으로써 형성된다. 나와 다른 문화를 경험하고 판단하기보다는 포용하는 능력을 키워 주는 것이 타인의 감정을 이해할 수 있도록 도와주는 효과적인 방법이다. 이 외에 책을 통해, 예술 교육을 통해, 견학을 통해, 놀이와 게임 등을 통해 자녀가 나와 다른 사람들의 감정을 이해하고 포용할 수 있는 능력을 키워 주는 것이 자녀의 관계성 및 사회성 발달에 꼭 필요하다.

타인과 원만한 관계를 가질 수 있는 능력

다섯 번째 단계의 감정 발달은 타인과의 원만한 관계를 유지할 수 있는 능력이다. 이러한 능력은 자신의 감정을 인식하고 통제할 수 있는 능력과 타인의 감정을 이해하고 포용할 수 있는 능력이 바탕이 되어야 형성될 수 있다. 또한 타인의 감정을 이해하고 포용할 수 있는 능력은 원만한 관계와 사회성에서 생길 수 있는데, 사회성은 상황을 분별할 수 있는 분별력을 키워 주므로 올바른 선택과 결정을 할 수 있도록 도와준다. 이로 인해 주위 사람들에게 신임과 존경을 받게 되는 계기가 되고, 지도자로서의 능력을 키워 주는 기본이 된다. 다시 말해, 타인들과의 관계를 조절할 수 있는 능력은 앞의 감성지능 측정 요소 4가지가 발달되는지 여하에 따라 형성될 수 있는 능력이라고 하겠다.

감성지수와 지도력 자질

미국의 수많은 경영 대학에서는 글로벌 리더십에 관해 연구해 오고 있다. 과연 어떤 특성이 한 리더를 성공적인 리더로, 또 다른 리더를 실패하는 리더로 만드는가? 물론 한두 가지 이유만으로 어떤 리더는 성공하고, 또 어떤 리더는 실패하는 것은 아니다. 그런데 다수의 연구가 공통적으로 주장하는 것은 리더의 관계적인 자질이 그 리더를 성공적인 리더 혹은 실패하는 리더로 만든다는 점이다. 관계적인 자질이란 나와 다른 사람을 이해하고 포용할 수 있는 능력 즉 성품을 말하는데, 이는 또한 감성지능과 깊은 관계가 있다. 그러므로 결론적으로 지도력 자질은 감성지능과 깊은 관계가 있다고 하겠다.

또한 한 개인의 사회성 발달 및 원만한 관계성 자질을 교육하기 위해 대두되는 것이 정체성이다. 자신에 대한 분명한 정체성을 소유할 때 타인을 이해할 수 있고 그들과 원만한 관계를 유지할 수 있다. 대인관계에서 문제가 생기는 가장 큰 이유 중 하나가 자기중심적 사고 때문이다. 상대방의 입장에서 어떤 상황을 인식할 수 있는 능력이 필요한데, 다수의 교육자와 심리학자들의 연구에 따르면 타인의 입장에서 어떤 상황을 이해할 수 있는 능력은 분명한 자기 정체성을 소유할 때 생기는 능력인 것으로 조사되었다. 다시 말하면, 분명한 자기 정체성을 소유한 사람이 다른 사람들도 포용할 수 있고 타인과의 관계도 원만하게 할 수 있다는 것이다. 그러므로 자녀의 사회성과 관계성 자질 발달을 위해 부모가 먼저 초점을 두고 교육해야 할 것은 자녀의 감성 발달 및 정체성 형성을 도와주는 일이다.

필자는 신학교에서 교수 생활을 하고 있지만 학교에서 만나는 학생들의 인격 수준은 각양각색이다. "어떻게 저런 인격의 학생이 신학교에 입학할 수 있었을까?"라고 의심할 만한 행동을 하는 학생이 있는가 하면, 정말로 예쁘고 탐나는 예의 바르고 성숙한 학생도 있다. 필자는 아동 영성에 대한 기독교 교육을 담당하는 교수이므로 필자의 강의를 듣는 학생들은 대부분 아동 영성 교육에 관심이 있다. 아동 영성을 돕기 위해서는 부모를 먼저 훈련시키고 교육해야 하기 때문에 학생들에게 부모 교육의 중요성을 알리는 방법 중의 하나로, 학생 자신들이 부모와 경험했던 것을 부모와의 대화를 통해 알도록 숙제를 매 학기 내 준다. 숙제의 내용은 부모와 1시간 정도 대화를 함으로 자신이 속한 가정의 강점과 약점을 파악하는 것이다. 즉 부모가 자신에게 심어 주었던 가치관이 무엇인지 알아보고, 이를 위해 부모가 노력했던 것에는 무엇이 있는지를 생각해 보는 것이다. 숙제를 즐겁게 하는 학생이 있는가 하면, 부모와 만나 대화를 해야 한다는 것에 부담을 느끼고 힘들어하는 학생도 있었다. 학생들은 대부분 가정에서 부모 교육 철학에 대해 진지하게 대화해 본 적이 없었기 때문에 대화를 하기 전에는 숙제를 어떻게 해야 할지 힘들어 한다. 하지만 많은 학생들이 부모와 대화를 마친 후 참으로 긍정적인 경험을 했다고 말했다. 그런데 참으로 당연하지만 놀라운 결과는, 부모가 자녀 교육에 대한 분명한 철학을 갖고 의도적으로 교육한 부모 밑에서 자란 학생들과 그렇지 않은 학생들의 인격 형성과 태도는 현저하게 차이가 난다는 것이다.

요즘 같은 시대에 정말 만나기 쉽지 않은 한 여학생이 있었다. 그 학생은 늘 얼굴에 미소가 가득했는데, 동료 친구들에게는 물론 교수들에게도 사랑받고 환영받을 만큼 정말 따뜻하고 반듯하게 성장했다. 그 학생의 꿈은 아동을 위한 선교사가 되는 것이다. '부모와의 대화' 리포트를 읽어 보니, 과연 그 학생 부모의 정성이 결실을 맺는 듯했다. 그 학생의 가정이 지닌 가치관은 근본적으로 기독교적이었고, 그와 더불어 중요한 것은 적어도 하루에 한 번은 꼭 가족이 함께 식사를 하며 대화를 한다는 점이다. 그는 어려서부터 부모가 하나님 앞에 기도하는 것을 듣고 보고 자랐고, 독서를 통해 이웃과 자기 주변의 사람들을 배려하고 이해하는 삶을 배웠으며, 어려서부터 아프리카에 있는 또래 아동들과 펜팔을 해서 자신의 용돈으로 펜팔 친구를 도와주었고, 매년 여름 휴가는 가족들과 함께 보냈으며, 추수감사절이나 크리스마스 때에는 가족 프로젝트로 이웃을 돕는 일을 해 오곤 했다. 두 자매가 우리 신학교를 다니는데 둘이 자매 같지 않고 늘 친구같이 가깝게 지내는 것을 보고 칭찬했더니, 자기 부모들이 자신들을 잘 키워 주신 것 같다며 자신 스스로 괜찮은 사람임을 자랑스럽게 수긍하는 것을 보았다.

근래 미국 사회를 비롯한 세계 각처에서 총기난사 사건들이 사회의 큰 이슈로 대두되고 있다. 유치원, 초등학교, 대학교, 극장, 쇼핑몰, 직장, 종교 캠프장에서 대상의 나이와 장소를 가리지 않고 휘두르는 총기에 죄 없는 수많은 사람들이 목숨을 잃었다. 문제는 가해자들이 그러한 끔찍한 행동을 한 이유가 그들의 정신적인 문제mental health에 있다는 것이다. 그런데 그 정신적 문제를 자세히 살펴보면, 문제의 근원이 감성 발달의 결핍이다. 감성 발달 결핍의 주원인은 성장 과정에서 자녀와 양육자 즉, 부모와의 관계에서 생기는 것이 대부분이다. 그러나 되풀이하지만 많은 한국 부모들은 자녀의 감성보다는 두뇌 교육이 더 중요하다고 생각하고 두뇌 교육에 초점을 두는데, 앞으로는 이러한 잘못된 생각을 바꾸고 자녀의 감성 발달을 위해 무엇보다도 많은 노력을 기울여야 할 것이다.

요약하면, 자녀가 글로벌 시대를 성공적으로 살아가도록 교육하기 위해 부모는 분명한 교육 목표로 자녀를 가르쳐야 한다. 글로벌 사회가 요구하는 시민으로 양육하기 위해 부모가 가져야 할 교육 목표로 필자는 정체성 형성, 신앙 교육, 자녀의 재능 발견, 사회에 대한 책임감, 인성 교육 그리고 감성 교육의 중요성을 들었다. 그러나 궁극적으로 이 모든 교육 목표의 초점은 성숙한 인격 형성에 있다. 많은 사회과학자들의 연구가 증명했듯이, 성숙한 인격이 모든 성공적인 인생의 기본이 되기 때문이다. 그러므로 부모들은 자녀의 성숙한 인격 형성을 위한 교육에 더 많은 노력을 아끼지 말아야 한다.

글로벌 지도력 개발

본회퍼는 39년의 짧은 삶을 살다간 독일의 신학자다. 그의 신학과 가르침은 그가 죽은 지 50년이 지난 오늘날에 더욱 많은 사람에게 읽히고 또 영향을 미치고 있다. 그는 2차 세계대전 당시 미국에서 교수생활과 목회를 편안하게 할 수 있었음에도 자신을 필요로 하는 독일의 비밀교회underground church를 위해 독일로 오다가 체포되어 2년간 감옥생활을 하고 전쟁이 끝나기 1주일 전에 사형당했다. 본회퍼는 자신의 안위를 위해 비밀교회에서 고통받는 독일 교인들을 떠나 있을 수 없다고 결정하고, 자신의 삶으로 예수의 가르침을 스스로 보여 주었던 신학자다. 그의 가르침은 깊이가 있고 또 많은 사람의 마음을 움직이게 하는 힘이 있지만, 더욱더 많은 사람이 그를 존경하고 그의 사상에 영향을 받은 것은 그가 예수님의 가르침대로 살았던 신학자요, 지도자였기 때문이다.

글로벌 사회는 다문화적, 다언어적 그리고 다경영적이다. 다시 말하면, 다양한 배경을 갖고 있는 사람들이 모여 서로에게 영향을 주는 사회이다. 그러므로 글로벌 사회에서 성공적으로 살아가기 위해서는 개인 중심적인 사고가 아닌 타인 중심적인 사고를 해야 하고 국가적으로, 사회적으로 그리고 또 개인적으로 상부상조하고 상호의존하며 살아야 한다. 또 한 국가의 안녕을 위해 세계의 안녕이 필요하고, 내가 성공하기 위해 남도 성공해야 한다는 사고가 필요하다. 바꿔 말하면 서로 나누고, 협동하며, 어울려 사는 것을 배워야 하는 사회가 바로 글로벌 사회이다. 글로벌 시대를 준비하는 자녀들을 위한 부모의 역할에 대해 첫째는 자녀가 긍정적인 자아개념 및 건강한 자존감을 형성하도록 도와주는 것이라고 했다. 나와 다른 이웃을 이해하고 그들과 상부상조하며 상호의존하기 위해서는 우선 자신을 분명히 아는 것이 필요하기 때문이다. 또한 신앙 교육의 중요성과 자녀 교육에 대해 뚜렷한 목표를 가져야 한다.

이외에 마지막으로 글로벌 사회를 성공적으로 살아가도록 부모가 자녀에게 꼭 가르쳐야 할 교육 목표는 지도력이다. 현재 50만 명이 넘는 회원을 확보하고 있는 세계적인 환경단체 중의 하나인 Kids F.A.C.E.^Kids for A Clean Environment^는 1989년 미국 내슈빌의 9살짜리 어린아이 멜리사 포^Melissa Poe^에 의해 창립되었다. 멜리사는 당시 학교에서 자연환경의 중요성을 깨닫고 사람들이 만들어 내는 공해와 오염으로 지구가 파괴되고 있다는 사실을 알게 되면서 많은 아동들이 지구를 보존하는 일에 함께해야 한다고 생각했다. 그는 당시 부시 대통령께 편지를 쓰고, 지역 방송국과 신문사 등을 찾아 다니며 환경보호 캠페인을 시작했다. 멜리사의 노력으로 불과 6개월 만에 미국 전역에 250개가 넘는 환경보호 빌보드가 세워졌고, 전국에서 멜리사의 캠페인에 동참하겠다는 아동들의 편지가 몰려들었다. 또한 초등학교에서는 환경보호의 일원으로 폐품 재활용을 위한 캠페인을 시작했으며, 이는 전국 각처에서 받아들여지기 시작하여 오늘날에는 미국의 많은 관공서나 학교에서 폐품 재활용을 장려하고 있다. 17살이 되던 해에 멜리사는 리더의 자리에서 사직하고, 이사직을 맡았으며, 2명의 15살 후배에게 리더십을 양도했다. 리더의 자리를 떠나면서 멜리사가 말하기를 '이 단체는 아동들을 위한 또한 아동들에 의한 단체'가 되어야 한다며, 자신은 리더 자리를 맡기에는 너무 나이가 많다고 말해서 어른들을 놀라게 했다. 대부분의 사람들은 리더라고 하면 어떤 단체 혹은 그룹의 '장' 혹은 '우두머리'로서 권력을 행사하는 모습을 상상하는데, 일반적으로 또 학술적으로 정의되고 받아들여지는 지도자에 대한 정의는 '영향력 있는 사람'a person of influence이다. 멜리사는 9살의 나이에 세계적으로 영향력을 끼치는 리더가 되었다. 앞 장에서 살펴보았듯, 가장 효과적인 영향력은 무엇보다도 성숙한 인격에서 나온다. 필자는 많은 한국 엄마들이 우리 자녀를 좀 더 사회적으로, 더 나아가 세계적으로 영향력을 미치는 리더로 교육하기를 바란다.

한국은 지금 경제 강국으로 부상하고 있다. 삼성, 현대, 기아, LG 등의 브랜드는 세계 최고의 품질을 자랑한다. 한국에서 생산해 내는 제품이 세계 시장에서 최고의 품질을 자랑하듯 한국 시민도 세계 최고의 시민이 되기를 노력해야 할 것이다. 그러므로 우리는 우리 자녀가 글로벌 사회에서 환영받고, 또 긍정적인 영향을 미치는 지도자적 시민으로 성장하도록 교육하는 데 힘써야 하겠다. 이에 필요한 교육 목표가 우리 자녀들이 세계 사회에서 지도자로서 손색이 없도록 지도력을 교육하는 것이다. 지도력을 갖추기 위해서는 글로벌 지식 강화, 대인관계 기술, 의사소통 능력, 의사결정 능력, 독립심과 책임감, 포용력과 존경심 그리고 섬김 정신 등을 교육해야 한다.

글로벌 지식 강화

먼저 우리 자녀들을 글로벌 시대의 지도자로 양육하기 위해서는 앞 장에서 언급한 바와 같이 글로벌 시대에 대한 올바른 이해가 필요하다. 즉 미래에 대한 자녀들의 관심을 '자신'self 에게서 이웃, 국가 그리고 나아가 세계로 넓힐 수 있도록 미래에 대한 큰 비전을 심어 줘야 한다. 이를 위해 자녀들이 세계를 좀 더 구체적으로 알고, 월드 이슈에 대해서도 좀 더 관심을 가질 수 있도록 동기부여를 해야 할 것이다.

언어 연수를 넘어서는 글로벌 인재 양성

우리 자녀들에게 세계를 품는 비전을 주기 위한 첫 단계인 언어 교육은 글로벌 시대의 인재 양성을 위해 필수적이다. 그러나 영어 교육을 권장하고 보편화함으로써 글로벌 교육을 잘 감당하고 있다고 여긴다면 잘못 생각하는 것이다. 언어 교육은 글로벌 교육의 일부분에 지나지 않는다. 필자가 말하지 않아도 이미 한국은 나라 전체가 영어 교육의 붐으로 달아오르고 있다. 외국에 나가 언어 연수를 해 보지 않고는 직장에 이력서를 내밀기 힘들다고 한다. 아무튼 젊은이들이 해외 언어 연수의 기회를 통해 한국 밖의 사정을 경험할 수 있는 것은 바람직한 일이다. 그러나 해외 연수가 세계에 대한 견문을 넓히기 위한 방편이기보다는 관광과 쇼핑을 위해 이용되는 것은 아닌지 우려된다. 일 년이라는 기간은 언어를 배우기에는 턱없이 부족하다. 그러나 어떤 나라의 문화나 사람 그리고 가치관을 배우기에는 짧은 시간이 아니다. 언젠가 한국에 사는 사촌언니가 딸을 어학 연수 보낼 거라며, 외국에서 1-2년 생활하면 영어를 잘할 수 있지 않겠느냐고 하는 말을 들은 적이 있다. 그러한 생각이 나의 사촌언니만의 생각은 아닌 것 같다. 한국에 사는 사람들은 아마 일반적으로 그렇게 생각하는 듯 싶다. 한 나라의 언어를 마스터한다는 것의 의미는 사람마다 다르겠지만, 필자로서 이는 참으로 큰 오해라고 생각한다.

필자가 외국에서 지낸 지도 어느덧 30여 년이 지났다. 미국과 필리핀에서 교수로 일해 온 지도 10여 년이 흘렀다. 그런데 나는 아직까지도 부족한 나의 언어 실력에 골치를 앓고 있다. 영어가 모국어인 미국 교수들과 비교해 볼 때 나는 여전히 2-3배의 노력을 하고 있다. 왜 내가 이러한 말을 하는가? 1-2년의 어학 연수로는 절대 영어를 마스터할 수 없다. 그러나 연수 기간 동안 그 나라의 문화, 사람 그리고 그들의 대화 및 표현 방법을 배울 수 있고, 나아가 영어에 대한 두려움을 극복할 수 있다. 한국에 있었으면 용기가 나지 않아 입을 열지 못했을 텐데, 외국에 나가면 어쨌든 말을 해야 햄버거 하나라도 사 먹으니 말이다. 언어는 직접 말을 함으로써 가장 잘 배울 수 있기에 연수는 말할 기회를 얻는 매우 좋은 방법이다. 그러나 해외 연수의 큰 의미는 무엇보다 자녀에게 타국의 문화, 가치관 그리고 외국인이 사는 모습을 보고 체험할 수 있는 기회를 준다는 것이다. 그러므로 연수 기간을 잘 활용하여 세계에 대한 견문을 넓힐 수 있는 유익한 시간이 되면 좋겠다. 해외 연수를 통해 외국인에 대한 편견 및 잘못된 인식을 버리고, 보다 깊이 그들을 아는 기회가 되기를 바란다. 세계를 알지 못하고 세계의 지도자가 된다는 것은 가당치 않은 일이다.

또한 글로벌 지도자로서 지도력을 갖추기 위해서는 글로벌 지식 즉, 세계 시사에 밝아야 한다. 미국 교육 시스템에서 시사 교육은 상당히 큰 부분을 차지한다. 초등학교 때부터 학생들에게 시사 정보를 접하게 하고, 학생들에게 시사 문제에 대한 자신의 입장을 토론을 통해 나누도록 권장한다.

필자가 미국 캘리포니아에 있는 신학대학원에서 공부하던 시절, 미국 초등학교에 재학 중인 한국 아동들에게 시사 문제에 관해 자신의 견해를 피력할 수 있는 토론 능력을 키워 주기 위해 6개월간 한인 커뮤니티 센터에서 봉사한 적이 있었다. 한국 아동들은 학교에서 가르치는 필수 과목에는 우수한데, 시사 정보에는 어둡고 또 자신의 의견을 발표하는 능력이 부족하여 토론 시간에는 입도 열지 못하고 어려움을 겪고 있었다. 그래서 어린이용 신문과 잡지를 구독해서 아이들과 일주일에 2-3시간씩 기사를 읽고 토론하는 시간을 가졌다. 그 후 많은 부모들이 자녀들이 시사 정보를 알아 가는 데 흥미를 갖게 되었고, TV 뉴스도 관심 있게 보며, 시사 토론을 할 때도 말을 잘할 수 있게 되었고, 시사 과목에서도 좋은 점수를 받게 되었다며 감사 인사를 해 왔다. 우리 자녀가 세계 무대에서 영향력 있는 지도자로 서기 위해서는 글로벌 시사를 잘 아는 것이 절대적으로 필요하다.

대인관계 기술

대인관계 기술은 사회성과 흡사한 자질로 사람들과 신뢰성 있는 관계를 맺고 그들의 감정을 포용할 수 있는 능력을 말한다. 타인의 감정을 포용한다는 것은 다른 사람의 마음에 동기를 부여해서 그들의 생각이나 행동에 변화를 줄 수 있는 능력을 의미한다. 이러한 대인관계 기술은 글로벌 사회의 특성상 꼭 필요한 자질이다. 대인관계 기술은 의사소통 능력, 포용력, 감정이입 능력 등을 동반하는 능력으로 감성지능과도 매우 관계가 깊다고 하겠다.

대인관계 기술은 다양한 사람과 어울려 같은 목적을 달성해야 하는 일이 많은 현대 글로벌 사회에서 꼭 필요하다. 자라나는 아동들에게 대인관계 기술을 교육하기 위해 미국 교육 시스템은 초등학교부터 대학교에 이르기까지 아동들에게 협동 정신 즉, 친구들과 함께해야 하는 그룹 과제를 반드시 요구한다. 팀워크 혹은 그룹 과제라고도 하는데, 이러한 그룹 과제를 필자도 모든 과목에서 학생들에게 적어도 한 가지 이상을 요구한다. 학생들 중에는 그룹 과제를 좋아하는 학생이 있는가 하면, 싫어하는 학생도 있다. 그러나 그룹으로 친구들과 과제를 하는 과정에서 학생들은 대인관계 기술은 물론 책임감, 의사소통 능력 그리고 지도력을 배우게 되므로, 왜 학교에서 그룹 과제를 요구하는지 그 이유를 아는 학생들은 그룹 과제를 싫어한다고 해도 불평 없이 한다.

필자가 링컨크리스천대학에서 가르치고 있는 과목 중의 하나가 교육심리학이다. 그 과목의 과제는 미국에서 공부하고 있는 타민족 학생들을 인터뷰하는 것이다. 인터뷰를 통해 그들의 본국 교육 시스템과 미국 교육 시스템의 차이점을 조사하고, 본인이 미국 교육 시스템에 대해 좋다고 생각하는 것과 싫다고 생각하는 것이 무엇인지를 생각해 보는 것이다. 그 조사에서 공통적으로 나타난 것이 대부분의 타민족 학생들이 공부하면서 가장 힘든 것이 그룹 과제 즉, 팀워크라는 것이다. 대인관계 기술 부족에서 생기는 갈등이다. 공부는 혼자 할 수 있어도 사회생활은 혼자 할 수 없다.

앞 장에서도 언급했지만 2008년 미국의 콜롬비아대학교 교육대학 박사 논문인 「왜 한국 학생들은 명문 대학 입학 후, 학교를 중퇴하는 비율이 가장 높은가?」에서 한국 학생의 44퍼센트가 명문 대학 입학 후 중간에 그만두었다고 한다. 아울러 대학을 졸업한 56퍼센트의 한인 학생 중 미국 주류 사회에서 자신의 전공을 살려 일하는 학생의 숫자가 타민족과 비교해 보았을 때, 상당히 낮은 것으로 조사되었다. 자녀가 혼자서 공부만 했지, 그 외의 대인관계 및 사회성을 배우지 못해 막상 사회에 나와 직장생활을 하면 동료 또는 다른 사람들과의 관계에서 적응하지 못하기 때문이다. 많은 부모가[특히 한국 부모] 공부만 잘하면 자녀가 사회에서 출세하고 성공하는 줄 알지만, 인간관계에 서투르면 성공적인 사회생활을 하기가 매우 힘들다. 즉 많은 한국 부모들이 우수한 학업 성적에만 신경을 썼지, 자녀의 사회성이나 인간관계의 중요성을 소홀히 해서 자녀들이 직장생활에서 받는 스트레스를 해결하지 못하거나 동료들과의 관계를 잘 맺지 못해 직장을 그만두는 경우가 많다는 것이다.

위의 논문 통계에 따르면, 한국 학생은 75퍼센트의 시간을 공부하는 데 사용하고 25퍼센트를 교과 과정 이외의 활동에 사용하는 데 반해 미국 및 타 외국인 학생들[중국, 인도]은 공부와 교과 과정 외의 활동에 동일하게 50퍼센트의 시간을 사용한다. 다시 말해, 한국 학생은 학업 성적에만 치중했지, 그 이외의 것 즉 인간관계 형성, 사회활동 참여, 지역 봉사활동 등 관계 형성이나 사회생활 적응에 필요한 기술을 습득하는 데는 타민족의 학생에 비해 현저히 적은 시간을 사용한다.

한국 학생들의 능력이 우수함에도 글로벌 주류 사회에서 그다지 많이 활동하지 못하는 이유는 지도자적 자질 즉 인간관계 기술, 의사소통 기술, 독립심, 포용심 및 자신감이 부족하기 때문이라고 본다. 특별히 대인관계 기술을 습득하기 위해 의사소통 능력 및 나와 다른 것을 수용할 수 있는 포용력을 가르치는 것은 필수이다. 다음은 지도력 개발에 필수적인 의사소통 능력에 대해 살펴보기로 하겠다.

의사소통 능력

의사소통 능력은 지도력 개발 및 사회성과 대인관계 능력 발달에 핵심적인 요소라고 하겠다. 왜냐하면 모든 관계는 대화에서 시작되기 때문이다. 대화 없이 사람을 알아 가고 관계를 형성하기란 불가능하다. 그러므로 모든 관계 형성을 위해 대화는 가장 기본적인 수단이다. 그러나 많은 사람들은 대화를 하는 목적이 자신의 생각을 상대방에게 알리고 상대방의 생각을 자기 생각에 맞추도록 설득하기 위한 것이라고 착각한다. 물론 나의 생각을 남에게 알리는 것이 대화의 중요한 목적 중의 하나이다. 그러나 나의 생각을 전하고 설득하는 것이 대화의 전부는 아니다. 다시 말하면, 일반적인 대화의 목적은 나의 생각을 상대방에게 알리는 동시에 상대방의 생각을 아는 데에도 있다. 그러므로 효과적인 의사소통을 위해서는 자신의 생각을 명확히 표현할 수 있는 능력과 또 상대방의 말을 귀담아 들을 수 있는 기술이 함께 필요하다.

의사소통 기술은 언어를 배우면 자연적으로 습득되는 것이 아니다. 선천적인 자질도 있겠지만, 후천적으로 개발될 수 있는 능력이다. 그러므로 부모는 자녀에게 효과적으로 의사소통을 할 수 있는 기술을 길러 주어야 한다. 의사소통 기술을 책을 통해 인지적으로 배우기는 매우 힘들다. 앞 장에서 말했듯이, 대화는 관찰과 실천을 통해 효과적으로 배울 수 있다. 즉, 자녀는 부모에게 자신의 의사를 표현하고 부모의 말에 귀를 기울이는 대화를 통해 의사소통 방법을 배우게 된다.

그러나 안타깝게도 많은 부모가 자녀와 대화를 하지 않고 또 할 줄도 모르기 때문에 자녀들이 부모에게서 대화하는 방법을 배우지 못하고 있다. 많은 부모가 자녀에게 "일어나!", "학교 가야 해!", "씻어라!", "밥 먹어라!", "뭐 먹을래?", "숙제 다 챙겼냐?", "잘 다녀와라!", "학교에서 공부 잘 했어?", "무슨 일 있었어?", "밥 먹었냐?", "숙제 다 했어?", "씻었냐?" 등의 질문 혹은 명령과 같은 말로 자녀와 대화한다고 생각한다. 이런 말들은 대화가 아니라 일방적인^one way^ 명령 혹은 질문이다. 이러한 질문에 자녀가 답할 수 있는 말은 "예" 혹은 "아니오"뿐이다. 이런 것은 대화라고 하지 않는다. 대화는 쌍방^two way^ 의사소통이어야 한다.

부모와 자녀 간의 대화의 심각성에 대해 좀 더 말하자면, 수많은 부모가 자신의 자녀들이 어떻게 자라고 있는지, 무슨 생각을 하고 있는지, 무슨 고민이 있는지 잘 모르는 것 같다. 학교에서 친구들에게 왕따당하는 것이 너무 힘들어 자살을 선택했던 중학생의 부모도 자녀가 그러한 어려움에 처해 있는지 전혀 몰랐다고 한다. 부모가 자녀를 알아 가고 또 자녀가 부모를 알아 가는 데에 대화만큼 좋은 것이 없다. 또한 자녀는 부모와의 대화를 통해 자신의 정체성을 형성해 간다. 자녀 교육에 있어서 대화가 이렇게 중요함에도 우리 사회에는 대화 없는 가정이 너무나도 많다. 또 막상 대화의 중요성을 인식하고 나서도 많은 부모가 자녀와 어떻게 대화를 해야 하는지 모르는 데에 문제의 심각성이 있다.

특별히 십대 사춘기가 되어 자녀에게 문제가 생겼을 경우, 부모들은 자녀의 생각을 알고자 대화하고 싶어 하지만, 그동안 해 보지 않았던 대화를 시작하기도 어렵고, 또 자녀도 자신의 감정과 생각을 부모와 대화로 풀어 보지 않았기 때문에 어떻게 말해야 할지 잘 모른다. 자녀들이 부모와 대화를 꺼려하는 또 다른 이유 중의 하나는, 자녀들이 부모에 대해 부정적인 개념을 갖고 있기 때문이다. 다시 말하면, 부모의 의견을 신뢰하지 못하는 것이다. 부모가 자신들의 생각과 감정을 부정할 것으로 믿으므로 부모와 대화할 필요가 없다고 느낄 때 자녀들은 부모와 대화하기를 꺼려한다. 안타까운 현실은 대부분의 아동들이 문제가 있어 대화가 필요할 경우 부모보다는 친구를 선호한다는 점이다. 부모와 대화를 꺼려하는 아동들의 보편적인 대답은 "우리 부모와는 대화할 수가 없다. 그들은 나를 이해하지 못한다." 혹은 "우리 부모는 내 의견을 들으려고 하지 않는다. 나는 이제 더 이상 그들의 충고를 들을 수가 없다." 등이다. 필자도 아동들과 이 문제에 대해 인터뷰를 한 적이 있었는데, 인터뷰에 참여했던 24명 중 50퍼센트 이상의 아동들이 그들에게 가장 중요한 사람[하나님과 부모님을 제외한]은 그들의 친구라고 말했는데, 그 이유는 친구들은 자신을 이해하기 때문이라고 했다. 또한 아동들에게 가장 슬펐던 순간이 언제였는가 하는 질문에 50퍼센트 이상이 절친한 친구와 싸웠을 때, 친구가 먼 곳으로 이사 갔을 때를 들었다. 아동들에게 자신을 이해해 줄 수 있는 대화 상대가 절실하다는 것을 확인할 수 있는 결과였다.

문제아동의 그릇된 행동은 대부분 고독에서 비롯되는 것이라는 데 많은 교육자들은 동의한다. 아동들의 그릇된 행동은 누군가의 관심을 얻고자 하는 마음에서 시작된다고 한다. 많은 부모들은 자녀가 원하는 물건을 부족함 없이 공급해 주면 좋은 부모라고 생각한다. 종종 엄마들이 이러한 말을 하는 것을 듣게 된다. "우리 애는 장난감이 방에 가득 있는데도 새것만 보면 사 달라고 졸라요." 왜 아이들이 방에 가득 장난감을 쌓아 놓고도 또 다른 것을 사 달라고 하는지를 부모는 이해하지 못한다. 아이들은 장난감을 원하는 것이 아니라 관심을 필요로 하는 것이다. 고독한 마음을 아동들은 새로운 장난감을 통해 순간 잊을 수 있을 뿐 아니라, 자신이 원하는 것을 부모가 해 줌으로써 부모가 자신을 사랑하고 있다고 느낄 수 있기 때문이다. 장난감이 많은 아이는 조르던 새로운 장난감을 얻었을 경우 하루도 채 그것을 갖고 놀지 않는다. 금방 싫증을 내고 또 새로운 것을 사 달라고 부모를 조른다. 아동들이 진정으로 원하는 것은 장난감이 아니라 부모의 관심이요, 관계다. 아이들은 부모와 함께 무언가를 하고 싶어 한다. 아동교육 심리학자인 맥클렌드David C. McClelland에 따르면, 부모들은 '무엇을 해 주는 것'과 '어떻게 관계하는가'의 차이를 구분하지 못하고 있다고 한다.

대화는 상대방을 알 수 있는 가장 기본적인 수단이다. 의사소통에 문제가 생기는 원인은 내 생각만을 전하고 상대방의 생각은 알려고 하지 않는 데 있지만[대부분의 부모가 자녀와의 관계에서 이런 식으로 대화한다. 부모 이야기만 하고 자녀가 제대로 알아들었는지, 수긍을 했는지는 상관하지 않는다], 사람들이 자신의 생각을 말하지 않아서 생기기도 한다. 위에서 언급했듯, 많은 부모는 자녀가 말을 하지 않아서 대화를 할 수가 없다고 하는데, 자녀가 스스로 말을 하도록 만드는 것도 대화의 기술이다.

자녀의 의사소통 기술은 먼저 성장하는 과정에서 부모와 대화하면서 개발된다. 그러므로 자녀에게 의사소통 기술을 교육하기 위해 부모들은 먼저 대화 기법을 배워야 한다. 효과적인 의사소통을 위해 다음 3가지의 요소가 부모에게 필요하다.

(1) 말 혹은 어휘

(2) 감정[음성의 높낮이, 크고 작음 등]

(3) 시각적인 메시지[표정 및 몸동작]

연구자들에 따르면, 이 세 가지 요소 중, 말 · 어휘가 의사소통에 미치는 영향은 7퍼센트, 감정이 미치는 영향은 38퍼센트 그리고 시각적인 메시지가 미치는 영향은 55퍼센트라고 한다.[Miller.]

Wackman, Nunnally, & Miller, 1988 바꿔 말하면, 효과적인 대화를 위해 적당한 어휘 선택도 물론 중요하지만, 그보다 더욱 중요한 것은 그 어휘에 포함된 올바른 감정 전달 및 비언어적 기법이 더욱 중요하다는 점이다.

말 · 어휘

말 · 어휘가 효과적인 의사소통에 미치는 영향은 7퍼센트 정도 된다. 이는 말 · 어휘가 의사소통에 그다지 중요한 요소가 아니라는 말이 아니다. 말 · 어휘만을 사용해서는 자신이 전하고자 하는 생각과 감정을 효과적으로 충분히 전달하기 어렵다는 말이다. 그렇기 때문에 말 · 어휘를 사용해서 자신의 생각과 감정을 정확하게 표현하려면 먼저 전달하고자 하는 자신의 생각과 감정을 정확하게 알아야 한다. 자신의 감정을 명확하게 인식하고 그 감정을 말로 표현할 수 있는 능력이 중요하다는 것은 앞 장의 감성의 중요성에서 살펴보았다.

자녀가 자신의 감정과 생각을 합당한 말 · 어휘로 표현할 수 있도록 충분한 어휘 실력과 아울러 자신의 생각을 체계적으로 정리해서 표현할 수 있는 능력을 훈련해야 하는데, 이는 매일의 일상생활에서 부모와 자녀가 대화하면서 개발될 수 있다. 특히, 자녀가 자신의 생각을 구체적으로 정리하고 표현할 수 있는 능력을 훈련하기 위해 부모는 자녀에게 "예.", "아니오."로 답할 수 있는 질문은 피하고, 개방형 질문open-ended questions을 사용하는 것이 좋다. 예를 들면, "오늘 학교에서 공부 잘 했니?"라고 질문하기보다는 "오늘 학교에서 뭐가 제일 재미있었니?" 혹은 "뭐가 제일 힘들었니?" 등으로 답을 요구하는 구체적인 질문을 함으로써 자녀가 구체적인 답을 하도록 유도한다. 아울러 자녀가 좀 더 깊은 생각과 표현을 훈련하기 위해서는 자녀의 답변을 그대로 수긍하지 말고, "왜 그렇게 생각하느냐?"라고 '이유 질문'why questions을 던짐으로써 자녀가 자신들의 생각을 좀 더 깊이 있고 구체적으로 사고할 수 있도록 하는 것이 좋다.

감정

감정은 효과적인 의사소통에 꼭 필요한 요소이다. 말하는 입장에서 적절한 감정 표현은 전달하고자 하는 메시지를 효과적으로 전할 수 있도록 도와준다. 또한 듣는 사람이 말하는 사람의 감정을 인식하고 공감해 주면 말하는 사람의 마음이 열려 상대방의 생각과 감정을 깊이 이해할 수 있도록 도와준다. 다시 말하면, 듣는 사람이 말하는 사람의 감정을 공감하고 이해해 주었을 때, 말하는 사람은 그의 마음을 열고 더 깊이 그리고 솔직하게 자신의 생각과 감정을 나누게 된다. 그러나 반대로 자신의 감정이 거부당했을 때는 마음의 문을 닫고 더 이상 듣는 사람과 대화하고 싶지 않게 된다. 그러므로 자녀의 생각을 깊이 알기 위해서 부모는 자녀가 표현하고자 하는 감정을 명확히 인식하고 이를 공감해 줌으로써 자녀가 편안하게 마음의 문을 열고 대화할 수 있도록 유도할 수 있어야 한다. 예를 들어, 자녀가 울며 집에 올 경우, 보통 부모들은 "왜 울어?", "무슨 일 있었니?"라고 다그칠 것이다. 자녀가 그 이유를 말했을 때 대부분 "뭐 그까짓 것 갖고 울어!" 혹은 "왜 바보같이 울어!"라고 말할 것이다. 이런 식으로 자녀가 자신의 감정을 거절당하는 경험을 반복하면, 다시는 부모 앞에서 자신의 감정을 표현하고 싶어 하지 않을 뿐 아니라 대화하고 싶어 하지 않는다. 부모는 자신을 이해하지 못하는 사람이기 때문이다. 그러나 울고 들어오는 자녀를 보고, "우리 딸이 혹은 아들이 많이 속상한가 보네."라고 한마디 해 주면, 자녀는 금방 울음을 멈추고 묻지도 않았던 이유를 말할 것이다. 그만큼, 자신의 감정을 이해해 준다는 것이 자녀에게는 위로가 되기 때문이다. 어른들도 마찬가지다. 자신의 생각과 감정을 받아 주고 이해해 주는 사람과 대화를 나누고 싶지, 번번이 부정하는 사람과는 더 이상 대화하고 싶지 않을 것이다.

부부관계 및 모든 관계에서 대화가 없어지고 관계가 멀어지는 첫 번째 이유는 상대방이 자신의 마음을 이해해 주지 못해서이다. 필자도 여러 번 경험한 일이지만, 마음의 위로를 받고 싶어 털어놓은 이야기를 상대방이 듣고 "황 박사한테 문제가 있는 것 아니야?"라고 답하는 사람하고는 더 이상 대화하고 싶지 않을 것이다. 반면, 혹 내 자신에게 문제가 있더라도, "힘들겠네. 그런데 이렇게 다시 생각해 봐."라고 말해 주는 사람에게는 더 깊은 마음의 생각도 나눌 수 있게 된다. 자기감정 및 타인감정(자녀의 감정)을 인식할 수 있는 능력은 감성지능의 한 부분으로 성숙한 인격 형성뿐 아니라 사회성 발달 그리고 효과적인 의사소통을 위해서도 꼭 개발해야 한다. 그러므로 자녀의 의사소통 기술을 양육하기 위해 부모들은 자녀의 감정을 이해하고 공감함으로 자녀가 자신의 감정과 생각을 표현하도록 장려하는 동시에, 또한 자녀들이 상대방의 생각과 감정을 듣는 기술을 배울 수 있도록 유도해야 한다.

자신 및 타인의 감정을 이해할 뿐만 아니라 자신의 감정통제 또한 효과적인 의사소통을 위해 가르쳐야 할 자질이다. 자녀가 사회생활을 하면서 대화하는 가운데, 상대방에게 자신의 생각 및 감정을 거부당하거나 혹은 자신에 대한 비평이나 부정적인 메시지를 듣는 경우가 흔히 생길 수 있다. 남에게서 비평이나 부정적인 메시지를 받아들이고 수긍하며 이를 통해 자신에게 동기를 부여할 줄 아는 감정통제 능력은 원만한 대화 및 자신의 발전을 위해 자녀에게 가르쳐야 할 매우 중요한 자질이다.

시각적 메시지

시각적 메시지는 흔히 몸짓언어(body Language; 거리, 자세, 시선, 표정, 몸짓, 접촉, 음성 등)라고 하는데, 다른 말로 표현하면 대화하는 태도(Attitude)라고 하겠다. 그리고 이는 효과적인 의사소통을 위해 무엇보다도 중요한 요소로 지적되는데, 이는 태도가 그 사람의 인격을 나타내기 때문이다. 반면 학술적으로 시각적 메시지 즉, 몸짓언어를 문화적인 특징으로 해석하고, 대화 대상자의 문화 이해의 중요성에 대해 중점을 두는 학자들도 있다. 하지만 대화하는 데 있어 신실한 인격과 태도는 문화 차이를 극복할 수 있는 힘이 있다고 필자는 믿는다. 그러므로 효과적인 의사소통 개발을 위해 가장 필요한 것은 어떠한 기술보다 신뢰할 만한 인격과 태도라고 하겠다.

요약하면, 의사소통 기술은 지도력 개발에 필수적 능력이다. 사람은 대화를 통해 관계를 형성하고 자신과 타인을 알아 가기 때문이다. 특히 부모로서 자녀의 생각을 알아 가고 또한 자녀에게 부모의 마음을 전달하기 위해 효과적인 대화 즉, 의사소통이 필수이다. 부모와 대화하면서 성장한 아동들은 인간관계를 원만히 맺을 수 있는 능력을 배우게 된다. 왜냐하면 의사소통 능력은 삶 속에서 부모와의 대화 가운데 가장 효과적으로 개발될 수 있는 기술이기 때문이다. 이를 위해 자녀에게 교육해야 할 요소로는 먼저, 자신과 타인의 감정을 이해하는 능력, 어휘력, 자신의 생각을 구체적으로 정리할 수 있는 능력, 그리고 신뢰받을 만한 인격 형성이라고 하겠다.

의사결정 능력

사람은 하루에도 셀 수 없이 많은 결정을 하면서 산다. 그중에는 올바른 결정도 있고, 또 잘못된 결정도 있다. 그러므로 의사결정 능력은 자신의 발전은 물론 주위 사람과의 원만한 사회생활 및 대인관계를 위해 개발해야 한다. 특별히 지도자들에게 있어 의사결정 능력은 필수적으로 갖추어야 할 기본적인 자질이다. 몇몇 학자들은 "지도자란 결정하는 사람이다"A leader is a decision maker라고 정의하기도 한다. 그만큼 문제를 해결하는 능력 즉, 의사결정 능력은 모든 지도자에게 기대되는 능력이다.

문제를 해결하거나 의사결정을 하는 데 있어 따라야 할 이론은 학교에서 인지적으로 습득할 수 있다. 그러나 대면하는 상황을 모두 이론으로 해결할 수는 없다. 의사결정을 하는 데 있어 큰 영향을 미치는 요소는 그 사람의 종교, 철학, 삶의 원칙, 즉 가치관이다. 이러한 신념은 성장하는 과정에서 부모의 양육 방법 및 삶의 본보기를 통해 습득된다.

의사결정 능력은 독립적인 사고를 요구하는데, 독립적인 사고 양육에 대해서는 다음 장에서 다루기로 하겠다. 한국 부모들은 문화적으로 아직도 자녀들을 독립적으로 양육하지 못하고 있고 아울러 의사결정 능력도 제대로 가르치지 못하고 있다. 동양 사회, 특히 한국 사회는 '정 · 관계' 위주이고, 또 계속 그렇게 되기를 바라고 있지만, '정'에 이끌려 합리적인 결정을 못 내리는 경우가 많다. 반면, 서양 문화는 합리적인 사고가 뒷받침된다. 그래서 사고방식이 동양식보다는 좀 더 합리적이고, 그 합리성이 오늘의 미국 정신을 만들었다고 하겠다. 어떤 면에서는 냉철하기까지 한 합리성이 우리 자녀가 글로벌 무대에서 활동하기 위해 배워야 할 능력이다.

대부분의 한국 부모들은 자녀에 대한 사랑을 부모가 자녀를 위해 무엇인가를 대신 해 주는 것으로 표현한다. 부모는 자녀를 입혀 주고 먹여 주며 결정해 주고, 자녀에게는 그저 공부만 하기를 바란다. 부모는 자녀가 부모가 해 주는 것을 먹고, 입고, 받고, 따르는 것으로 만족하며 착한 자녀로 성장하고 있다고 생각한다. 자녀가 무엇을 원하는지 생각할 기회도 주지 않는다. 자녀가 스스로 자신이 원하는 것이 무엇인지 자신의 감정을 인식할 수 있는 기회를 주지 않는다. 자녀가 자신의 감정을 인식하는 능력은 감정지능측정[EQ]의 첫 번째 요소로서, 자기 감정통제 및 동기부여 능력의 기본이 되는 성숙한 인격 형성에 매우 필요한 자질이라고 앞 장에서 밝힌 바 있다. 부모가 해 주는 결정에 순종하며 부모의 뜻대로 성장한 자녀들은 자아정체성 발달과 자아개념 발달에도 문제가 생긴다. 즉 자녀가 자신감이 없고, 자존감이 낮아지며, 실패했을 때 그에 대한 책임을 부모에게 미루는 등 소극적이고 수동적인 사람이 된다. 앞 장에서도 말했듯이, 필자는 많은 자녀들이 부모의 뜻에 따라 공부하고 전공과목을 선택했다가 중간에 그만두고 자신이 무엇을 진실로 원하는지를 몰라 방황하는 사례를 종종 목격한 바 있다.

부모는 자녀를 대신해 결정하는 습관을 버리고, 자녀에게 작은 것부터 스스로 선택하는 방법을 가르쳐야 한다. 그렇다고 자녀가 하고 싶은 대로 허용하는 부모가 되라는 말이 아니다. 자녀가 부모가 허용한 한계에서 선택하고 결정하도록 훈련해야 한다. 예를 들면 "이것 먹어." 혹은 "이것 입어."가 아니라, 두 가지 혹은 세 가지 선택 가능성 안에서 한 가지를 선택하도록 훈련하는 것이다. 또한 자녀가 어떤 문제에 대해 질문할 경우, 문제를 해결할 수 있도록 지혜를 나누어 줄 뿐 자녀를 위해 대신 해 주지 않는다. 자녀는 자기가 선택하거나 결정한 것이기에 만족해하고, 혹 나중에 그 선택 혹은 결정에 대해 문제가 생겼을 경우 변명하거나 부모를 탓하지 않고 배움의 기회로 삼을 수 있다. 다시 말하면, 자녀에게 그들이 원하는 것을 선택하도록 권한을 주는 동시에, 그들의 선택에 대한 책임을 지도록 교육하는 것이다. 물론, 어려서는 그들이 결정하는 데 많은 실수를 할 것이다. 그러나 실수가 반복되는 과정에서 자녀는 그만큼 경험을 통해 지혜를 쌓게 되고 성인이 되어 중요한 결정을 해야 할 때, 자신감 있게 일을 처리할 수 있다. "실패는 성공의 어머니다."라는 명언이 있다. 그러나 많은 부모들은 자녀가 실패하도록 기회를 주지 않는다.

현재 미국에서는 한인 자녀가 미국인과 결혼하는 숫자가 급격히 증가하고 있다. 글로벌 시대인 만큼 타민족과의 결혼이 증가하는 것은 당연한 현상이지만, 필자가 미국에서 성장하는 1.5세 혹은 2세 한국 여자아이들에게 왜 미국 남자를 결혼 상대자로 선호하는가 하는 질문을 한 적이 있었다. 놀라웠던 것은 그들의 답이 한국 남자들은 마마보이mama boy라서 싫다는 것이었다. 독립심 부족 때문에 스스로 어떤 결정도 할 줄 몰라서 부모의 뜻에 따르는 무능력이 싫다는 것이다. 반면, 미국 아이들은 어려서부터 독립심을 교육받고 자라서 자신의 문제를 스스로 해결해 나가는 능력이 있고, 사회에 나가 자신의 의사를 정확히 표현하며, 이에 대해 책임을 지는 데 아주 익숙하다. 의사결정 능력은 지도력 개발에 꼭 필요한 자질이다. 이를 교육하기 위해 먼저 부모가 자녀를 대신해서 무엇인가를 해 주고 또 결정해 주는 습관을 버려야 한다. 자녀의 생각과 감정을 존중하되, 자녀가 지혜로운 결정을 할 수 있도록 자녀의 신앙 교육 및 인성 교육, 가치관 교육을 해 나가는 데 소홀해서는 안 될 것이다.

독립심

의사결정 능력과 아울러 지도자로서 갖추어야 할 또 다른 중요한 성품은 독립심이다. 독립심이란 스스로 문제를 헤쳐 나갈 수 있는 능력을 의미하는데, 미국 정신문화에서 중요한 부분을 차지하기 때문에 학교와 가정에서 자녀들에게 철저히 교육하는 신념 중의 하나다.

독립심은 스스로 자신의 일을 선택하고 결정할 수 있는 능력이라고 했다. 이 부분이 자녀 교육에 있어서 우리 부모가 더 많이 노력해야 할 부분이라고 생각한다. 한국 자녀들은 미국 사회에서 학업이 우수한 학생들로 인정받지만 사회에서는 그다지 환영받지 못하는 것 같다. 사회성 부족 때문이다. 앞 장에서 여러 번 밝혔듯이 한국 부모들은 자녀 교육의 초점을 학업 성적에 두기에 그 외의 인성 교육 및 사회성 교육에는 소홀하다.

친분이 있는 사람을 통해 그분의 오빠와 조카에 관한 이야기를 들은 적이 있다. 그분의 오빠는 어렵게 얻은 딸이 하나 있다고 했다. 지금은 그 딸이 대학생인데, 그 딸이 밥을 잘 먹지 않아서 아버지가 그 딸을 안아서 식탁에 앉혀 놓으면 엄마가 밥을 먹여 준다고 했다. 필자는 그 딸이 신체장애인인 줄 알고 어디가 아프냐고 물었더니, 몸은 아무 이상이 없다고 한다. 그 부모가 자녀를 위해 하는 일들이 너무 놀랍고 안타까워서 그 귀한 딸을 어떻게 시집보내겠느냐고 물었더니, 오빠는 그 딸을 시집보내지 않고 데릴사위를 얻겠다고 한단다. 정신이 건강한 청년이 왜 자기 부모를 떠나 그런 여자와 결혼을 하겠는가? 그분들의 생각이 문화적으로

나 정서적으로 나와 너무 달라서 더 이상 말을 못하고 웃은 적이 있었는데, 많은 한국 부모가 그렇게 자녀를 양육하는 것을 자녀를 사랑하는 행위라고 생각한다.

요즘 미국에서 인기를 얻고 있는 TV 프로그램 중의 하나가 "아메리칸 아이돌"American Idol이다. 1년이라는 기간 동안 미국 전국에서 오디션을 통해 24명을 뽑으면 본선 무대에서 매주 한 명씩 떨어뜨려 최고의 가수 1명을 가리는 아주 전문성 있는 프로그램이다. 한국에서도 이와 비슷한 "위대한 탄생" 혹은 "K팝스타" 등의 프로그램이 있는 것을 온라인을 통해 본 적이 있다. "아메리칸 아이돌"이라는 프로그램은 심사위원들의 혹독한 평가를 거쳐야 하는데, 몇 년 전 한국인 1.5세 및 2세로서 그 프로그램 본선 24명 중에 진출한 사람이 2명 있었다. 그 시기는 다르지만 모두 스트레스를 이기지 못하고 경연 중간에 그만두겠다고 하는 바람에 탈락되었다. 어떤 사람은 심사위원 앞에서 자신이 스트레스를 너무 많이 받고 있어 빨리 떨어졌으면 좋겠다고 말하는 것을 보면서 안타까워했던 기억이 난다. 부모는 자녀가 성인이 되어 스스로 어려운 문제를 해결하면서 독립적으로 설 수 있도록 양육하는 것이 자녀를 위한 참사랑이라는 것을 알아야 한다. 부모가 자녀를 위해 대신 문제를 해결해 주고 도와줄수록 자녀의 앞날을 더욱 힘들게 할 뿐이라는 것을 부모는 인식해야 한다.

포용력과 존경심

포용력은 인종, 종교, 문화, 사상, 교육, 경제 등 자신과 다른 배경을 가진 사람들을 이해하고 받아들일 수 있는 매우 고귀한 능력이며 인격이다. 글로벌 시대의 지도자에게 절대적으로 필요한 자질이기도 하다. 특별히 한국처럼 단일민족에 유교 문화의 영향을 받고 성장한 사람들에게는 받아들여지고 실천되기가 어렵다. 그러나 장래의 사회에서 자녀들이 지도자로서 성공적인 삶을 살기 위해 이 능력은 우리 자녀들에게 꼭 가르쳐야 한다.

호마 사벳 타반가Homa Sabet Tavangar가 쓴 *Growing Up Global: Raising Children to be at Home in the World*세계 속에서 편안한 아이로 키우기라는 책은 글로벌 시대의 자녀 양육법에 관한 내용을 다루고 있다. 이 책에서 저자는 글로벌 시대를 성공적으로 살아가도록 자녀에게 교육해야 할 가장 필수적인 인격으로 나와 배경이 다른 사람을 너그럽게 받아들이는 포용력과 공경할 수 있는 존경심이라고 말한다. 다른 말로, 미국에서는 '황금률'Golden Rule이라 하고, 또 성경의 가르침으로 "남에게 대접을 받고자 하는 대로 너희도 남을 대접하라."마 7:12; 눅 6:31는 것이다. 이 황금률을 자녀들이 삶 속에서 실현하도록 가르치면 글로벌 시대를 성공적으로 살아 나갈 수 있다고 한다. 그리고 자녀들이 다양한 배경의 친구들과 사귀도록 부모는 기회를 마련해 주고 장려해야 한다고 주장한다. 이런 자신의 교육철학을 실천하기 위해 타반가는 자기 자녀들이 타문화에 익숙해지고 자신들과 전혀 다른 문화와 환경에서 성장하고 있는 아이들과 친구가 되도록 자녀 3명을 데리고 아프리카에서도 가장 열악한 국가인 감비아에서 3개월 동안 지냈다. 그곳에 있는 동안 자녀에게 그 문화를 직접 체험하게 하고, 또 그곳 사람들과 친구가 되도록 장려했다고 한다. 참으로 미래를 내다보는 지혜롭고 훌륭한 부모라고 하겠다.

그렇다. 우리 자녀들에게는 친구가 필요하다. 또한 그들과 서로 나누는 삶을 배울 필요가 있다. 필자가 몇 년 전 TV에서 한국의 중고등학교 학생들을 인터뷰한 내용을 본 적이 있었다. 한 여학생이 나와 자기들은 너무 경쟁이 심한 사회에 살고 있어서 진정한 친구가 없다고 말하는 것을 들었다. 친구들과 같이 어울리고 공부를 하면서도 또 한편으로는 그 친구도 자신이 이겨야 할 경쟁자이므로 친구들이 묻는 질문에 솔직한 답을 해 줄 수 없다는 것이었다. 친구들이 모두 경쟁 상대여서 매우 외롭다고 말하는 어린 학생들의 인터뷰를 듣고 너무 마음이 아팠던 기억이 있다. 아마 상황은 오늘도 나아지지 않았으리라고 생각한다. 우리 자녀들이 어려서부터 친구를 경쟁자로 여기도록 강요받고, 그 친구를 이겼을 때 기뻐하도록 교육받고 있다는 것은 참으로 안타까운 일이다. 이는 우리 자녀들을 글로벌 경쟁사회에서 환영받지 못하게 하는 후진국 시민으로 만드는 요인이 된다. 경쟁의식은 글로벌 사회가 필요로 하는 포용력과 원만한 사회성 발달을 방해하는 제일의 요소이다. 우리 자녀들에게 세상이 이겨야 할 경쟁의 대상이기보다는 자신을 필요로 하는 곳이라는 섬김 의식을 키워 줘야 한다.

더욱이 심각한 문제는 한국 부모들이 자녀들에게 타인을 존경하는 마음을 전혀 가르치고 있지 않다는 것이다. 부모를 존경하는 것을 비롯해서 선생을 존경하고, 나아가서는 이웃을 존경하는 것을 가르쳐야 사회에서 나와 다른 사람을 포용하고 존경할 수 있는 능력을 갖게 되는데, 놀랍게도 자녀 교육을 담당하는 선생에 대한 존경의 마음을 부모는 자녀에게 가르치지 않는다. 앞에서도 언급했다시피, 필리핀에서 만난 한 아이의 엄마는 자신의 아들에게 이렇게 말했다. "학교에서 선생님이 뭘 하라고 해도, 네가 하기 싫으면 하기 싫다고 하고 하지 마." 너무 충격적이었다. 너무 놀라 그 엄마의 얼굴을 한참 쳐다보았는데, 그 엄마는 자신의 아이에게 무슨 말을 한 것인지, 그것이 장래에 그 아이에게 어떤 영향을 미칠지에 대한 아무런 생각이 없는 것 같았다. 이뿐만이 아니다. 현재 한국에서 영어를 가르치고 있는 필자의 제자들을 통해 반복해서 듣는 말은 한국에서의 선생들은 아무 권위가 없다는 것이다. 부모 때문에 아이들을 훈련하거나 훈계하지 못한다고 했다. 부모들이 어떤 선생에 대해 불평하면 학교에서는 그 선생을 해고하기 때문에 아이들이 하자는 대로 해야 한다는 것이다.

선생을 존경하지 않는 아이들이 자라면 부모라고 존경할까? 부모를 존경하지 않는 아이들이 나와 상관없는 이웃을 존경할까? 나아가 이런 아이들이 보이지 않는 하나님을 신뢰하고 존경할까? 의문이 생긴다. 미국은 초등학교 때부터 아동들에게 선생과 친구들을 존중Respect하는 태도를 그 다른 무엇보다도 강조하여 가르친다. 존중이란 권위에 대한 존경을 뜻하지만, 더욱 중요한 의미는 자신과 다른 친구들의 다양한 배경 즉 인종, 문화, 종교, 사상, 능력, 사회적 및 경제적 배경 등을 차별하지 않고 존중하는 것이다. 학교마다 교실 내의 규칙이 있는데, 대부분 첫 번째 규칙이 '존중'이다. 왜 미국 학생들이 한국 학생들과 기숙사 방을 같이 쓰고 싶어 하지 않는지, 또 왜 한국 젊은이들이 대학 졸업 후 사회에서 적응하지 못하고 환영받지 못하는지 심각하게 생각해 봐야 할 문제이다. 우리 부모들이 자녀들에게 성공한다는 것이 무엇을 의미하는 것인지, 건강한 자존감이 무엇을 의미하는 것인지, 우수하다는 것이 무엇을 의미하는 것인지를 잘못 교육시키고 있는 것은 아닌지 부모 자신들이 스스로에게 질문해 보는 기회를 가져야 한다.

그럼 어떻게 포용 능력 및 존경심을 교육할 수 있는가? 물론 자녀의 인격 형성은 부모를 통해 이루어진다. 아동들은 부모가 다른 사람들을 어떻게 대하는가를 보고 부모가 하는 대로 닮아 간다. 인류를 존중하는 부모 밑에서 양육받은 자녀는 인류를 존중하는 마음을 배운다. 자녀들이 세상을 공평하게 보는 눈을 뜨게

하고 어려운 처지에 있는 사람들에 대한 연민의 마음을 품을 수 있는 능력을 키우는 것이 글로벌 시대에 필요하다. 나와 다른 것에 대한 관심과 호기심을 갖고, 나와 다른 것을 인정할 수 있는 능력을 키워 주며, 나와 다른 것을 많이 경험할 수 있는 기회를 제공하여 자녀들이 나와 다른 것에 대한 차별적인 언어를 사용하지 않도록 주의시켜야 할 것이다. 또한 포용 능력은 분명한 자아 정체성, 긍정적인 자아개념, 감정이입 능력 및 자신과 타인의 감정을 이해할 수 있는 감정지능 발달 등과 매우 밀접한 관계가 있음을 인식해야 한다.

섬김 정신

마지막으로 자녀를 글로벌 시대의 지도자로 교육하기 위해 가르쳐야 할 것은 섬김 정신이다. 앞 장에서 언급했듯이 글로벌 교육을 통해 이루고자 하는 바는 세계의 궁극적인 공존과 평화인데, 그 바탕을 이루는 정신은 인류에 대한 섬김 정신이다. 친구가 또 이웃이 자신이 밟고 일어서야 하는 경쟁의 대상이 아니라 자신이 도와주어야 하는 섬김의 대상임을 인식하도록 해야 한다. 잘사는 나라가 못사는 나라를 도와주고 선진국이 후진국을 도와 함께 성장해 나가기를 노력하듯 한 개인도 자신의 도움이 필요한 이웃을 섬길 줄 아는 정신을 가져야 한다.

미국의 평화봉사단Peace Corps이 이러한 뜻 가운데서 만들어진 기관이다. 현재 한국도 1991년 이래 평화봉사단과 같은 국제협력단KOICA을 창설하여 세계 40여 개발도상국에 3천 명의 자원봉사자들을 파견하고 있다. 이러한 인류를 위한 섬김의 정신을 우리 모든 자녀들이 지닐 수 있도록 가르치고 교육할 때 우리나라가 진정한 의미에서 선진국이 되고, 우리나라를 선진국으로 만들어 나가는 일꾼이 바로 여러분의 자녀가 될 것이다.

미국에서는 초등학교 때부터 아이들에게 사회에 대한 책임감을 심어 주는 교육을 한다. 그래서 대학 입학 서류 평가 기준에서 참으로 중요시되는 것이 그 학생이 얼마나 많은 시간을 지역 봉사활동community service에 참여했는가 하는 것이다. 그래서 자녀들이 초·중·고등학생 때부터 방과 후나 방학 동안 지역의 사회단체기관, 공공기관, 지역병원에 정기적으로 가서 작은 일부터 지역을 위해 봉사하는 것을 배운다. 어떤 아동은 신체장애인 및 노인에게 책을 읽어 주는 일을 하고, 어떤 아동은 병원의 환자들과 친구가 되어 주는 일을 한다. 어떤 아동은 동물 보호소에서 봉사를 하고, 어떤 아동은 지역 경찰소나 소방서를 청소하는 일을 돕는다. 지역을 위해 시작한 작은 봉사활동이 훗날 지역을 넘어 국가와 세계를 위해 봉사할 수 있는 커다란 지도자가 되는 계기가 되는 것이다.

지금까지 경제 강국으로서 우리 자녀들을 글로벌 사회의 지도자로 준비시키기 위해 부모들이 꼭 교육해야 할 7가지 덕목에 대해 살펴보았다. 요약하자면 글로벌 지식 강화, 대인관계 기술, 의사소통 능력, 의사결정 능력, 독립심, 나와 다른 이웃을 포용하고 존중하는 능력 그리고 자신을 나누어 줄 수 있는 섬김 정신 등이다. 이러한 기술 및 능력은 학교에서 이론적으로 또 인지적으로 아동들에게 가르칠 수도 있지만, 가장 효과적인 방법은 가정에서 부모의 삶을 통해 습득하는 것이다. 그러므로 자녀의 성공을 위해 부모들이 먼저 성숙해져야 한다.

맺는말

책을 마무리하면서 다시 한 번 묻고 싶다. 성공적인 삶이란 어떤 삶을 의미하는가? 얼마 전에 필자가 잘 아는 분이 외면적으로 보기에는 아주 성공한 것 같은데 스스로 자신의 삶에 실패했다고 말씀하시는 것을 듣고 왜 그러냐고 물었던 적이 있다. 그분이 말씀하시기를, 비록 겉으로 볼 때는 남이 부러워하는 명예도 있고, 또 삶이 화려해서 성공한 사람처럼 보이지만, 속으로는 지나온 날에 대해 후회할 일이 너무 많다는 것이었다. 부모님에게 좀 더 잘했더라면 하는 후회, 자녀들을 좀 더 이해했더라면 하는 후회, 관계 안에서도 좀 더 인내했더라면 하는 후회가 많다고 하시면서 결코 자신의 삶이 성공한 삶은 아니라고 하셨다. 아마도 많은 사람이 그분과 같은 생각을 하고 있을 것이다. 왜냐하면 인생을 되돌아봤을 때, 인생에 만족을 주는 성공적인 삶은 무엇을 성취했는가보다는 어떤 관계를 맺고 살았는가가 더 큰 의미를 주기 때문이다.

부모가 자녀를 키우는 궁극적인 목표는 자녀가 성공적으로 이 세상을 살 수 있도록 준비시키기 위함이다. 부모들은 그것을 위해 자신을 희생하면서까지 자녀를 교육한다. 사람들마다 생각하는 성공의 의미는 다소 차이가 있지만, 기본적으로 신앙이 있는 믿음의 부모들은 자녀가 우선 예수님을 아는 신앙인으로 성장해 주기를 원하겠고, 또 이 사회에서 주위 사람들에게 환영받는 귀한 사람으로 커 주기를 바랄 것이다. 그렇다면 우리 자녀가 하나님께 사랑받고 세상에서 환영받는 사람으로 성장하기 위해 부모들은 어디에 초점을 두고 자녀를 교육해야 할까?

특별히 우리 자녀가 살아갈 글로벌 사회의 특성과 그 사회가 필요로 하는 시민의 특성을 알아본 결과, 우리 자녀가 글로벌 사회에서 성공적인 삶을 살기 위해 필요한 것은 기본적으로 학업의 우수성도 중요하지만 그보다 사회성, 즉 얼마나 사람들과 관계를 잘 맺는가가 중요하다는 것을 확인할 수 있었다. 이를 위해서는 타인 중심적 사고를 할 줄 아는 능력이 필요한데, 타인 중심적 사고는 글로벌 시대를 성공적으로 살아가기 위해 꼭 필요한 성품이라 하겠다. 이러한 타인 중심적 성품 및 능력을 자녀에게 길러 주기 위해서는 먼저 자신에 대한 분명한 정체성 및 긍정적인 자아개념을 형성하는 것이 중요하다는 것을 살펴보았다. 분명한 정체성 및 긍정적인 자아개념 형성을 위해 신앙 교육의 중요성도 말했다. 또한 자녀를 위한 교육 목적을 이루기 위해 목표 지향적인 교육을 해야 한다고 주장했다. 자녀의 재능 발견, 사회에 대한 책임감 및 환원 의식 함양, 인성 교육, 감성 교육 그리고 지도력 자질 개발 등의 중요성에 대해서도 알아보았다. 그러나 이 모든 교육의 기본은 타인을 위해 자신을 희생할 수 있는 성숙한 인격 형성에 있다. 왜냐하면 성숙한 인격만이 사회에서 이웃과 진정한 관계 를 형성할 수 있고, 나아가 사회를 변화시킬 수 있는 진정한 힘이 되기 때문이다.

필자는 어린 나이 10세에 엄마를 잃었다. 어머니는 8년 동안 병치레를 하시고, 40대 남편과 여섯 자녀를 두고 이 세상을 떠나셨다. 그래서 나는 엄마에 대한 기억이 그다지 많지 않다. 온 몸이 퉁퉁 부어서 온갖 바늘을 손발에 꽂은 채 병상에 누워 계시던 모습만 아직도 내 기억에 있다. 그러나 나는 이 세상에서 다시는 찾아볼 수 없는 귀한 아버지의 양육을 받으며 성장했다. 아버지는 많은 사람들에게 존경받는 인생을 살다가 가셨다. 아버지는 일제 강점기 때 일본에서 중앙 법대를 졸업한 지식인이셨다. 그러나 장티푸스를 앓고 있는 친구에게 수혈을 해 주다가 그 병이 옮아서 그의 부모의 꿈이었고 그의 목표였던 고시 시험을 보지 못하고, 이후 평생 책방을 경영하셨다. 그리고 40대의 나이에 아내를 잃으셨다. 엄마가 돌아가시기 전 8년간 아버지는 엄마 병간호로 하루도 엄마 곁을 떠나신 적이 없다고 한다. 엄마가 돌아가신 후에는 재혼도 하지 않고 여섯 자녀를 혼자 키우셨다. 아버지는 정말로 훌륭한 분이셨다. 그런 우리 아버지가 우리 육남매에게 가끔 들려주시던 옛날이야기가 있다. 나는 어렸을 때 들은 이야기라서 누구의 이야기인 줄 잘 몰랐는데, 언니들 말로는 우리 할아버지가 아시던 분의 실제 이야기라고 한다. 그 이야기는 이렇다.

TV 사극에서 종종 보는 장면이지만, 옛날 한국에서 장사하던 상인들은 그들의 신변을 보호하기 위해 상단 무리와 함께 장거리 장사 여행을 하곤 했다. 중국으로 장사를 떠나던 어느 상단 무리에 한 중년 노인이 동행했는데 그는 몸차림도 허술하고, 말도 없었으며, 또 여행 중 주막에서 밥을 먹을 때도 비싼 음식은 사 먹지도 않았다. 그래서 주위 사람들에게 구두쇠라고 놀림을 받기도 했다. 어느 날, 그 상단이 중국의 한 마을을 지나가던 때였다. 강가를 지나면서 그 주위에 많은 사람이 모여 무엇인가 시끌시끌한 광경을 보게 되었다. 이 상단 무리도 그곳으로 가 보았더니, 한 소년이 물살이 센 강물에 빠져 떠내려가고 있었다. 그러나 아무도 그 소년을 구할 생각은 않고 그냥 구경만 하고 있었다. 그때, 말 없던 그 구두쇠 노인이 주머니에서 돈 주머니를 꺼내 들고 군중들에게 이렇게 외쳤다. "누구든지 저 소년을 구하는 사람에게 이 돈을 주겠습니다." 그러자 순식간에 사람들이 강물에 뛰어들었고, 그 소년을 구출할 수 있었다.

아버지는 그 이야기를 우리에게 해 주시면서 인생철학을 가르쳐 주셨다. 사람의 목숨을 소중히 여기고, 사람과의 관계를 소중히 여기며, 신의를 지키고, 자신보다는 남을 세우는 삶의 소중함을 말이다. 그리고 우리 아버지도 우리에게 가르쳐 주신 대로 사셨다. 나는 우리 아버지가 참으로 자랑스럽다. 자랑스러운 부모를 둔 자녀들은 이미 성공적인 삶을 살고 있다고도 하겠다. 왜냐하면 그만큼 그들은 자신에 대해 자랑스러울 수 있기 때문이다. 자녀들의 행복과 성공을 위해 필자는 다시 한 번 부모님들께 권하고 싶다. 자녀들이 자랑스러워하는 부모가 되시기를!

Benninga, J. S. (1980). Integration of self-concept and moral judgment: Two studies. *The Journal of Genetic Psychology*, 136, 25-36.

Blasi, A. (1995). Moral understanding and the moral personality: The process of moral integration. In W. M. Kurtines & J. L. Gewirtz (Eds.), Needham Heights, MA: Allyn & Bacon.

Clark, K. B. (1980). Empathy: A neglected topic in psychological research. *American Psychologist*, *35*, 187-190.

Cobb, N. J. (2001), *The child*, Mountain View, CA: Mayfield Publishing Company.

Eisenberg, N., Shell, R., Pastemack, J., Lennon, R., Beller, R., & Mathy, R. M. (1987). Prosocial development in middle childhood: A longitudinal study. *Developmental Psychology*, *23*. 712-718.

Erikson, E. H. (1959a). Identity and the life cycle. In. G. Klein (Ed.), Psychological Issues (pp.1-171). New York: International University Press.

Faber, A. & Mazlish, E. (1999). *How to talk so kids will listen & listen so kids will talk*, New York: Avon Books.

Fowler, J. W. (1989). Strength for the journey: Early childhood development in selfhoodand faith. In D. A. Blazer (Ed.), *Faith development in early childhood* (pp.1-36). Kansas City, MO: Sheed & Ward.

Gfellner, B. M. (1986). Ego development and moral development in relation to age and grade level during adolescence. *Journal of Youth and Adolescence*, 15 (2), 147-163.

Goleman, D. (1996) *Emotional Intelligence: Why It Can Matter More Than IQ*. Bantam Books.

Harris, L. (1971). *Man: God's eternal creation*. Chicago: Moody Press

James, W. (1890/1961). The principles of psychology. New York: Holt.

Kang, J. S. (2000). Identity formation status, spiritual well-being, and family functioning type among college students in Korea. Unpublished doctoral dissertation, Talbot Theological Seminary, La Mirada, CA.

Kim, S. G. (2008). octoral dissertation, Columbia University, New York, NY.

Kim, S. Y. (2011). 뇌과학이 밝혀낸 놀라운 태교 이야기 (Amazing stories on pre-natal education revealed by brain science). Seoul, Korea: 종이거울사 (Paper Mirror).

Lee, L., & Snarey, J. (1988). The relationship between ego and moral development: A theoretical review and empirical analysis. In D. K. Lapsley & F. C. Power (Eds.), *Self, ego, and identity: Integrative approaches* (pp. 151-178). New York: Springer-Verlag.

Ludwig, D. J. (1976). Self- identity and morality. *Journal of Psychology and Theology*, 4 (1), 47-50.

Miller, S., Wackman, S., Nunnally, E., & Miller, P. (1988). *Connecting with self and others*. Littleton, CO: Interpersonal Communication Programs.

Niebuhr, R. (1964). *The nature and destiny of man: A Christian interpretation* (vol. 1). New York: Charles Scribner's Sons.

Nisan, M. (1984). Content and structure in moral judgment: An integrative view. In W. M. Kurtines & J. L. Gewirtz (Eds.), *Morality, moral behavior, and moral development* (pp. 208-224). New York, NY: A Wiley-Interscience Publication, John Wiley & Sons.

Nisan, M. (1991). The moral balance model: Theory and research extending our understanding of moral choice and deviation. In W. Kurtines & J. Gerwirtz (Eds.), *Handbook of moral behavior and development* (vol. 3, pp. 213-249). Hillsdale, NJ: Erlbaum.

Nisan, M. (1992). Beyond intrinsic motivation: Cultivating a sense of the desirable. In F. Oser, A. Dick & J. Patry (Eds.), *Effective and responsible teaching* (pp. 126-138). San Francisco: Jossey-Bass.

Nisan, M. (1996). Personal identity and education for the desirable. *Journal of Moral Education*, 25 (1), 75-83.

Paul, A. M. (2010). *Origins: How the nine months before birth shape the rest of our lives* New York: Free Press.

Selman, R. L. (1977). A structural-developmental model of social cognition: Implications for intervention research. *Counseling Psychologists*, 6, 3-6

Selman, R. L. (1980). *The growth of interpersonal understanding: Developmental and clinical analysis*. New York: Academic Press.

Vasta, R., Haith, M. M., & Miller, S. A. (1999), *Child Psychology: The modern science*, New York: John Wiley & Sons, Inc.

Wirth, F. (2001). *Prenatal parenting: The complete psychological and spiritual guide to loving your unborn child*. New York: Regan Books.

Tavangar, H. S. (2009). *Growing up global: raising children to be at home in the world*. New York: Ballantine Books.

고광필 (2001). 자아의 탐색. UBF 출판부